Dr. Angela Fetzner

Geheimnisvolle Magie

Entfessle Deine spirituelle Kraft

Hexenwissen, Liebeszauber, Räucherrituale

Achiel Verlag

Dr. Angela Fetzner

Geheimnisvolle Magie

Entfessle Deine spirituelle Kraft

Hexenwissen, Liebeszauber, Räucherrituale

Bibliografische Information der Deutschen Nationalbibliothek
Die Deutsche Nationalbibliothek verzeichnet diese Publikation in der Deutschen Nationalbibliografie; detaillierte bibliographische Daten sind im Internet über http://dnb.dnb.de abrufbar.

1. Auflage 2022

Herstellung: BoD - Books on demand - 22848 Norderstedt

Herausgeber & Vertrieb:

Achiel Verlag

Gartenstr. 10 - 56462 Höhn

Covergestaltung: ZERO Werbeagentur, München unter Verwendung von Motiven von shutterstock.com

Cover-Foto: © saquizeta depositphotos.com

ISBN 9783986680213

Inhaltsverzeichnis

Bist Du bereit für Deine magische Reise?

Magie ist so alt wie die Menschheit - sie ist unser uraltes Erbe. In jedem von uns schlummern geheime, unentdeckte Kräfte, und unsere eigenen inneren Gezeiten sind auf subtile Weise mit den Zyklen des Mondes und der Sonne verbunden, mit den Sternen und der Erde, auf der wir gehen. Wir werden bei unserer Geburt nicht einfach in eine sinnlose Welt gestellt, in der alles vom Zufall abhängt - vielleicht spürst Du das schon lange.

Wir leben in einem umfassenden Strom lebendiger, bewusster Energie, der uns trägt und von dem wir ein Teil sind. Schöpfung ist ein magischer Prozess. Jeder von uns kann als Mitschöpferin und Mitschöpfer in diesen Prozess eintreten, und sein Leben in die eigene Hand nehmen und die Welt mitgestalten. Das ist es, was es bedeutet, eine Hexe zu sein.

Der Weg der Hexe ist ein spiritueller Weg. Er führt uns zu tiefen, lebensverändernden Einsichten über uns selbst, unserem Platz in der Welt und im Universum. Er legt Macht in unsere Hände, die wir verantwortungsvoll und weise nutzen müssen, wenn wir uns selbst und anderen nicht schaden wollen. Dieser Weg ist sehr real. Und er zeigt uns, wie wir uns mit den Kräften vereinen können, die unser Leben formen, anstatt gegen sie anzukämpfen.

Wenn Deine magische Reise nun beginnt, kann Dir niemand sagen, wohin sie Dich führen wird. Jede magische Reise ist vor allem eins: eine Entdeckungsreise. Dieses Buch soll Dir ermöglichen, Dich erst einmal mit grundlegenden Vorstellungen und Ritualen, mit einigen zentralen Symbolen und Schutzmaßnahmen vertraut zu machen.

Wenn du Dich auf die Ideen und Rituale in diesem Buch einlässt, wirst Du erstaunliche Erfahrungen machen. Diese werden nicht nur Deinen Horizont erweitern und Dein Weltbild verändern. Sie werden Dir auch helfen, zu erkennen, wer Du wirklich bist - und sie werden Dir Zugang zu einer Welt bieten, von der die meisten Menschen noch nicht einmal ahnen, dass sie existiert. Hab' einen gesunden Respekt vor den Kräften und Sphären, die Du erkunden möchtest und denen Du Einzug in Dein Leben gewährst.

Wie sieht es aus - bist Du bereit für neue Erfahrungen?

Dann beginnt Deine magische Reise ... jetzt!

- Was ist Magie überhaupt?
- Der Alte Pfad
- Verschiedene Arten der Hexerei
- Unterscheidung Schwarze und Weiße Magie
- Hexenfrauen - Wer kann eine Hexe sein?
- Entfessle Deine Kraft als Hexe
- Buch der Schatten
- Trance, Träume und Meditation
- Grundausstattung einer Hexe
- Magische Kräuter und Pflanzen
- Magisches Räuchern
- Edelsteine und Kristalle
- Magische Symbole
- Magische Rituale und Zaubersprüche
- Magische Runen
- Heidnische Feste
- Die Elemente und der Schutzkreis
- Siegelmagie
- Mondzauber, Liebeszauber, Gesundheitszauber
- Wahrsagen (Tarot, Handlesen, Pendeln, Runen)
- u. v. m.

Hexenhandwerk und Religion

Die Übersetzung des englischen Wortes für Hexerei, ***witchcraft***, bringt einen wichtigen Punkt ins Spiel. ***„Hexenhandwerk“*** heißt es wörtlich übersetzt - und das wirft ein Schlaglicht auf einen wichtigen Aspekt der Hexerei, nämlich die handwerkliche Seite. Handwerk bedeutet wiederum solides Wissen über Materialien und Methoden, über Techniken, Möglichkeiten, Gefahren und Grenzen - und üben, üben, üben. Niemand, der ein Handwerk lernen will, kann das (nur) aus Büchern tun. Fortschritte macht man nur in der Praxis. Dabei sind auch Fehler unvermeidlich, denn sie gehören zum Lernen und Wachsen. Dieses Buch ist deshalb nicht dazu gedacht, nur gelesen zu werden. Erst die Anwendung zeigt Dir, was du mit den hier vorgestellten Ritualen, Hilfsmitteln und Techniken erreichen kannst. Hexerei hat aber auch noch andere Facetten. Sie ist Handwerk, Kunst und Religion zugleich. Beim Wort Religion zucken zahlreiche Menschen heutzutage zusammen. Viele von uns haben schlechte Erfahrungen mit Religion gemacht. Und die Art und Weise, wie sich Anhänger der großen Weltreligionen oder auch ihre Leitfiguren in Vergangenheit und Gegenwart verhalten (haben), trägt oftmals auch nicht dazu bei, Religion attraktiv erscheinen zu lassen.

Es gibt jedoch auch eine andere Art von Religiosität, nämlich eine Rückverbindung mit den lebendigen Kräften der Natur, des Sonnensystems, des Universums. Wälder, Flüsse, Bäche, Wiesen sind Träger dieser lebendigen Kraft. Tiere und Pflanzen, Kristalle und Steine, Sand und Lehm, der Tag-Nacht-Rhythmus, der Wechsel der Jahreszeiten, der Zyklus der Mondphasen, der immer wiederkehrende Kreislauf von Leben, Tod und Wiedergeburt - all dies ist Ausdruck einer allumfassenden schöpferischen Macht, aus der wir entspringen und zu der wir wieder zurückkehren.

Viele Hexen fühlen sich deshalb zu Naturreligionen, zu der auch ***Wicca*** gehört, hingezogen.

Bild 1 - © depositphotos - liuntova katsiaryna
Utensilien für magische Praktiken

Die Verbindung mit dem Lebendigen spielt eine große Rolle in der magischen Reise der Hexe, denn hier treten wir unmittelbar in den Strom magischer Kräfte ein, die uns halten, nähren und die wir zum Wohl des Ganzen, von dem wir ein Teil sind, nutzen können.

Die Idee eines fernen, zürnenden und verurteilenden Gottes ist einer Hexe ebenso fremd wie die Vorstellung einer Hölle, in der die Verworfenen in aller Ewigkeit schmoren werden. Wir nähern uns dem Göttlichen nicht in Angst und Unterwerfung, sondern aufrecht, selbstbestimmt und selbstbewusst. Das Göttliche umgibt uns überall, immer. Es verurteilt uns nicht, sondern es lässt uns wählen und uns durch unsere Entscheidungen wachsen - manchmal auch durch Herausforderungen und durch die Konfrontation mit den Folgen unseres Handelns. Es ist ein Teil von uns, und wir sind ein Teil von ihm. Die Erde, Pflanzen und Tiere sind heilig, denn sie sind ein Ausdruck vom Göttlichen, seine Manifestation. Und im Wunder der Schöpfung nehmen wir unseren Platz als Mitschöpferinnen und Mitschöpfer ein.

Moderne Hexen gehen sehr unterschiedlich mit dem Göttlichen um. Manche binden in ihre Praxis Gottheiten aus dem griechischen, römischen oder keltischen Pantheon ein (oder, je nachdem, wo sie leben und welcher Kultur sie angehören, auch viele andere Gottheiten). Manche spüren das Göttliche nur als allumfassendes, lebendiges Bewusstsein. Andere bezeichnen es als Große Göttin und ihren Gefährten, den weiblichen und den männlichen Aspekt der Schöpfung. Manche erwählen eine bestimmte Gottheit als Mentorin oder Lehrer. Andere ignorieren alle personifizierten Gottheiten, arbeiten mit den Ahnen oder den Kräften der Elemente, der Pflanzen und der Erde, mit Feen oder Naturwesen, mit Kraftplätzen oder Geistführern und -lehrern, mit Engeln (die übrigens nicht auf das Christentum zurückgehen, sondern von diesem übernommen wurden) - oder mit einer Kombination aus vielen dieser Aspekte.

Wer sich Hexe nennt, bezieht sich auf ein riesiges Spektrum von Traditionen und fast unbegrenzte Möglichkeiten. Welche für Dich die richtigen sind, wirst Du mit der Zeit herausfinden.

Es ist nicht leicht, eine Hexe zu sein

Du hast sicher schon gemerkt: Beim Hexe-Sein geht es nicht in erster Linie darum, eine bestimmte Art von Kleidung oder Schmuck zu tragen, geheimnisvolle Selfies auf ***Instagram*** oder ***TikTok*** zu posten und andere mit der vermeintlichen Macht, die Du besitzt, zu beeindrucken. Nur wenige echte Hexen kultivieren diesen Show-Aspekt, der mehr dazu da ist, Aufmerksamkeit und Bewunderung zu erhalten, als sich weiterzuentwickeln. Hexen sind auch nicht immer reich und berühmt, im Gegenteil - denn ein solches Leben im Brennpunkt der Öffentlichkeit hat Tücken, die man nicht unbedingt haben will. Die weitaus meisten Hexen leben daher still und unerkannt ein unauffälliges Leben, und Du würdest sicher oft nicht darauf kommen, dass Du eine Hexe vor Dir hast. Und das hat gute Gründe.

Auch wenn hierzulande Menschen, die sich als Hexen zu erkennen geben, nicht mehr gesetzlich verfolgt werden: Nicht jeder verbindet mit dem Wort ***Hexe*** positive Eigenschaften. Magische Macht ist für viele Menschen immer noch verbunden mit Heimtücke und Hinterhältigkeit - und in nicht wenigen Ländern der Erde kann man für Hexerei noch verfolgt oder sogar getötet werden. Andere finden es schlichtweg verrückt, sich mit Magie abzugeben, und zweifeln an der geistigen Gesundheit der Menschen, die das tun. In einer Zeit, in der viele Menschen einen großen Teil ihres Lebens öffentlich machen, musst Du für Dich selbst entscheiden, wie viel von Deinem Hexe-Sein Du bekannt machen möchtest. Mein Tipp dafür lautet: Je weniger Du bekannt gibst, desto besser. Auch wenn Deine Follower vielleicht nicht gleich Deinen Instagram-Account mit Haterkommentaren vollspammen: Einige Menschen könnten auf die Idee kommen, Dich als magischen Problemlöser zu benutzen, und wenig Verständnis dafür haben, dass Du nicht holterdiepolter ihren Ex-Freund oder ihre verloren gegangene Brieftasche zurückholen oder ihre Zukunft voraussagen kannst oder willst.

Magie ist eine zarte Pflanze, und sie braucht Ruhe und einen geschützten Raum, um zu wachsen. Wenn Du eines Tages bereit sein solltest, auch anderen Menschen mit Deinen entwickelten Fähigkeiten zu helfen, wirst Du es merken - und dann werden die richtigen Menschen von ganz allein Deinen Weg kreuzen, die von Deinem Wissen und Deinem Können als Hexe profitieren können.

Richtige Hexen halten sich in den meisten Fällen eher im Hintergrund und prahlen nicht mit ihren Fähigkeiten - wenn Du Dir gerade die neu erschienenen Bücher zum Thema ***„Magie"*** bei Amazon anschaust, wirst Du feststellen, dass es sich bei den ***„Autorinnen"*** keineswegs um ***„Hexen"*** handelt - es handelt sich um fiktive Lebensläufe, oftmals versehen mit einem Bild, das bspw. bei pixabay runtergeladen wird. Vor dem Lesen und dem Gebrauch solcher Bücher sollte eher abgeraten werden, da Spiritualität und Magie auch immer Liebe zur Wahrheit voraussetzen - sich unter einer falschen Identität verstecken, weil man weder an Magie glaubt noch von der Materie irgendwelche Kenntnisse besitzt, dürfte sicher eher kontraproduktiv sein. Denn solche Menschen wollen weder Dir noch der Schöpfung etwas Gutes, es geht nur darum, den eigenen Geldbeutel zu füllen. Allein solches Handeln widerspricht nicht nur den Werten einer Gemeinschaft, sondern auch den Grundsätzen der Magie.

Ein Wort der Warnung, bevor es losgeht

Ist Hexerei, ist Magie gefährlich? Die ehrliche Antwort lautet: Ja. Es ist auch gefährlich, Auto zu fahren, ***„in die Pilze zu gehen"*** und die Ausbeute alsdann zu verzehren, oder eine Kreissäge zu bedienen. Vor allem dann, wenn man nicht weiß, wie es funktioniert, was man sägen oder essen kann - und was nicht. Beim Autofahren sollte man wiederum die Verkehrsregeln kennen und sich an diese halten.

Wenn Du damit beginnst, magisch zu arbeiten, rufst Du in eine Dir noch unbekannte Welt hinaus. Es kann sehr unheimlich sein, wenn diese Welt plötzlich zurückruft - auch wenn es das ist, was wir wollen. Was noch dazukommt: Nicht alles, was zurückruft, ist Dein Freund. Es gibt keine himmlischen Aufpasser, die Dich vor Schaden bewahren, wenn Du dich unpassend verhältst oder wenn Du Dich auf Dinge einlässt, die über Deine Erfahrung und Dein Können hinausgehen. Du wirst die Konsequenzen solcher nicht balancierter Kontakte zu spüren bekommen, wenn Du Dich nicht ausreichend schützt.

Auf keinen Fall solltest du Drogen und Magie miteinander verbinden. Es gibt zweifellos Traditionen, in denen dies praktiziert wird, aber ohne einen erfahrenen Lehrer, der Dich persönlich anleitet, ist dies ein absolutes No-Go, das gefährlich enden kann.

Die hier vorgestellten Schutzmaßnahmen solltest Du deshalb ernst nehmen. Einmal im Monat solltest Du ein rituelles Reinigungsbad nehmen und Deinen magischen Arbeitsplatz regelmäßig physisch und spirituell reinigen. Wie das geht, erfährst Du in diesem Buch. Du solltest auch nicht gleich in Panik verfallen, wenn Du mal eine Pechsträhne hast, und wenn mal nicht alles so läuft, wie Du es Dir vorstellt. Auch schlechter Schlaf und unruhige Träume sowie Stimmungsschwankungen können auf Deinem persönlichen Weg auftreten.

Das sind ganz normale Geschehnisse, die wir alle erleben. Und es ist auch nicht nötig, zweimal täglich alles, was keine spirituelle Miete zahlt, mit einem Bannritual aus Deinem Wirkungskreis zu scheuchen.

Vor jeder magischen Arbeit solltest Du jedoch Deinen Arbeitsplatz von unerwünschten Einflüssen säubern und immer ein Auge auf Deine psychische und physische Balance und Gesundheit haben. Wenn Du dies beachtest, hast Du wenig zu befürchten.

Nun wollen wir uns aber gemeinsam auf unsere magische Reise begeben.

Ich wünsche Dir hierbei gutes Gelingen und nur das Allerbeste.

Bild 2 - © depositphotos - piolka
Magisches Tor

Was Magie nicht ist

Weil so unendlich viele falsche Vorstellungen zur Magie grassieren, wollen wir zunächst einmal klarstellen, was Magie ***nicht*** ist.

Magie ist kein abstraktes Konzept.

Bei Magie geht es darum, die Welt mit allen Sinnen zu erfahren und alles, was die Welt zu bieten hat, für unsere Ziele zu nutzen. Deshalb kann Zauberei auch ein sehr sinnliches Erlebnis sein (nicht von ungefähr gibt es auch die Sexualmagie).

Magie ist nicht exklusiv.

Der Zugang zur Magie steht allen offen, jeder kann eine Hexe werden. Es gibt keine geheimen Gesellschaften oder Klubs, in denen man Mitglied sein muss. Auch wenn magische Fähigkeiten oftmals angeboren sind, kannst Du Dir - mit der entsprechenden positiven Einstellung zur Magie - alles, was Du in diesem Buch erfährst, selbst aneignen.

Magie ist nicht starr.

Möglicherweise galt dies für einige magische Strömungen in der Vergangenheit, etwa für die Hochmagie, doch moderne Magie richtet sich nicht nach starren Vorstellungen und Konzepten. Auch die Tabellen und Anleitungen in diesem Buch sollen Dir nur als Orientierung dienen und müssen keineswegs sklavisch befolgt werden. Solltest Du etwa herausfinden, dass ein Ritual für Dich vielleicht anders funktioniert als in diesem Buch beschrieben, dann praktiziere es auf Deine Weise. Wichtig ist, dass Du stets an Deinen eigenen Zauber glaubst.

Magie wirkt nicht nur im Außen.

Je mehr Zauber Du wirkst, desto eher wirst du merken, wie sich die Dinge in Dir selbst verändern. Du wirst Dein Unterbewusstsein erkunden, Deine Konzentration stärken, Dich von Altem befreien und bestenfalls auch zu mehr innerer Ruhe finden.

Was ist Magie?

Magie ist eine Kraft, deren Existenz noch nicht wissenschaftlich erklärbar ist. Aber nur weil diese sich nicht erklären lässt, bedeutet es nicht, dass sie nicht existiert - sie folgt nur ihren eigenen Gesetzen, ihrer eigenen Logik, die man noch nicht entschlüsselt hat.

Magie ist ein Konzept, das bereits vor Jahrtausenden existierte. Es ist die Praxis, natürliche ***Energien*** zu bewegen, um Änderungen zu bewirken. Magie ist also etwas ganz Natürliches, da diese dazu dient, die Kräfte der Natur sanft zu seinen eigenen Zwecken zu leiten. Wenn wir Lebewesen oder Gegenstände bis auf ihre kleinsten Bestandteile, die Atome, herunterbrechen, sehen wir, dass auch diese aus Energie bestehen - Energie, mit der wir arbeiten, die wir lenken können. Wenn du Dir etwas vorstellst, formen Deine Gedanken Muster, die ebenfalls aus Energie bestehen.

Wie man häufig in Büchern über Hexerei liest, herrscht hier die Überzeugung, dass unser Planet von einem ***energetischen Netz*** überzogen ist. Alle Lebewesen - auch wir Menschen - bilden Knotenpunkte dieses Netzes. Wenn wir uns unseres Knotenpunktes bewusst werden und energetisch daran ziehen, verändern wir auch das Netz in unserer Umgebung und wirken somit Magie.

Ein damit einhergehendes Gesetz lautet ***„Wie oben, so unten. Wie innen, so außen“***. Im Großen verhält es sich also wie im Kleinen, im Makrokosmos so wie im Mikrokosmos. Dadurch kann im Kleinen Großes, und aus dem Inneren heraus etwas im Außen gewirkt werden.

Eine weitere wichtige Grundüberzeugung ist, dass Magie im ***Denken*** anfängt. Deine eigene Einstellung, Deine Schwingung, entscheidet darüber, welche Energien Du anziehst, welche Zauber funktionieren. Dies nennt man auch das ***Gesetz der Anziehung***.

Vielleicht ist es Dir schon einmal passiert, dass Du mit schlechter Laune aufgestanden bist und Dir dann im Laufe des Tages zunächst der Bus direkt vor der Nase weggefahren ist, sich dann auch noch eine Kollegin über Dich beschwert hat und Du zu guter Letzt auch noch einen Riss in Deinem Lieblingsoberteil entdeckt hast? An solchen Tagen magst Du vielleicht denken, die ganze Welt sei gegen Dich, hat sich regelrecht gegen Dich verschworen - laut Überzeugung vieler Hexen kommt hier jedoch nur das Gesetz der Anziehung zum Tragen. Gerade da Du bereits am Morgen negative Energien ausgesendet hast, hast Du im Laufe des Tages Negatives angezogen. Das bedeutet jetzt nicht, dass Du nie mehr schlecht gelaunt sein darfst. - Du solltest Dir aber stets der Energien bewusst sein, die Du aussendest. Versuche daher, in jeder Hinsicht eine positive Einstellung zu bewahren und negatives Gedankengut loszulassen.

Folgende Grundsätze stehen mit dem Gesetz der Anziehung in Verbindung - diese Grundsätze helfen Dir dabei, gute Energiearbeit zu leisten:

- Übernimm stets die Verantwortung für Dein Handeln. Denn in den meisten Situationen des Lebens hast Du die Wahl, was Du tust.
- Umgib Dich mit positiven Menschen. Halte Dich von Energievampiren fern, die von Negativität, Neid oder Gier erfüllt sind. Ein Austausch mit ihnen ist weder für Dich noch meist für diese selbst erfüllend.
- Setze Dir realistische Ziele. Beginne mit einfachen Zaubern und Ritualen und denk daran, dass Du am Anfang wahrscheinlich auch einige Misserfolge erleben wirst.
- Räume Hindernisse aus dem Weg, die Dich in Deinem Wirken als Hexe beeinträchtigen könnten. Wenn Dich im Alltag etwas stark - auch emotional - belastet, versuche, dies zunächst aufzulösen, bevor Du Dich mit Hexerei beschäftigst.
- Sei dankbar für das, was Du bereits erreicht hast. Sei bspw. auch dankbar dafür, dass Dich Dein Lebensweg überhaupt an die Hexerei herangeführt hat.
- Vergleiche Dich nur mit Dir selbst. Wenn Du anfängst, Dich mit anderen und deren Erfolgen zu vergleichen, lädst Du wieder eine ganze Menge unerwünschte Energien in Dein Leben ein.
- Meditiere regelmäßig. Setze Dich zwischendurch oder abends hin und werde Dir über Deine Emotionen im Klaren. Wenn diese negativ sind, denke darüber nach, wodurch diese ausgelöst sind und wie Du diese Emotionen auflösen kannst.

Bild 3 - © depositphotos - Zolotareva123
Meditation auf dem Feld - Erforsche Deine Emotionen

Einführung in die Hexenkunst

Von grundlegender Bedeutung für die Hexerei ist die ***Natur***. Der Planet ist für Hexen ein lebendiges Wesen, das beschützt werden muss und mit dem wir in Einklang leben müssen (und üblicherweise auch möchten). Hexen wissen, dass die Erde uns stets etwas mitteilen möchte, und entsprechend hören sie ihr genau zu. Sie ***„zapfen"*** die natürlichen Energien der Erde an, geben ihr jedoch zugleich mithilfe von Ritualen etwas zurück.

Viele Techniken der Hexerei entstammen dem frühen ***Schamanismus***. Daraus entlehnte sich auch die Praxis, sich in andere Bewusstseinszustände zu begeben, um Magie wirken zu können. Wichtig hierfür sind gewisse Rituale, die mithilfe vielfältiger Werkzeuge und Techniken durchgeführt werden können. Hierzu gehören etwa Kräuter, Kristalle, Steine, Symbole und Farben; weiter magische Gesten, Musik, die eigene Stimme und Trancezustände; ferner Astralreisen, Meditation und Visualisierung. Diese Werkzeuge und Methoden können auf vielfache Weise miteinander kombiniert werden.

Krafttierreisen führen Schamanen in eine andere Bewusstseinsebene. - Der Alltag verblasst, tritt in den Hintergrund und spielt keine Rolle mehr. Idealerweise tritt eine Trance oder auch ein Trance ähnlicher Zustand ein. - Der veränderte Bewusstseinszustand kann etwa durch Trommel und Rassel, aber auch durch Tanz, bestimmte Atemtechniken sowie monotone Geräusche und Melodien hergestellt werden. Auch die Räumlichkeiten, ausgewählte Lichtverhältnisse und Räucherungen können ein meditatives Ambiente schaffen.

Aufgrund ihrer starken Bindung zur Natur wurden vor dem Aufkommen des Christentums die meisten Rituale von Hexen draußen, in der Natur, praktiziert. - Monolithen, Steinkreise, heilige Plätze und Quellen zeugen davon. Erst nach dem Verbot durch die Kirche verlagerten viele Hexen ihre Aktivitäten in ihre Räumlichkeiten - etwas, das sich teilweise bis heute erhalten hat.

Blld 4 - © deposltphotos - DaLlu
Der Monolith von Pedra Öpnga, Baunei auf Sardinien

Auch für Dich wäre es jedoch ideal, wenn Du das eine oder andere Ritual in der Natur durchführst, und sei es im Schutz der Dunkelheit.

Denn erst in der Natur entfalten manche Rituale ihr volles Potenzial. (Du kannst in diesem Fall auch normale Straßenkleidung tragen und Deine Werkzeuge zuhause lassen, wenn Du denkst, dass diese nur unnötige Aufmerksamkeit auf sich ziehen würden.) Für Rituale, die Du innerhalb Deiner vier Wände durchführen möchtest, musst Du einen Schutzkreis schaffen - siehe hierzu auch das Kapitel ***„Erschaffen eines Schutzkreises"***.

Du fragst Dich an dieser Stelle vielleicht, was ein ***Ritual*** genau ist und wie es sich von ***Zaubern*** unterscheidet. Zauber beinhalten üblicherweise ein Ritual, Rituale beinhalten jedoch nicht notwendigerweise Zauberarbeit. Zauber werden durchgeführt, um ein Ergebnis zu erzielen, etwa, jemanden an sich zu binden. Rituale werden bspw. jedoch auch dazu eingesetzt, die Natur oder Gottheiten zu ehren oder mit ihnen zu kommunizieren.

Positive Zauber werden als ***„Segen"*** bezeichnet, negative Zauber als ***„Verhexungen"*** oder ***„Flüche"***. Zauber können auch dazu verwendet werden, um Beziehungen zwischen Partnern, aber auch zwischen Familienmitgliedern oder Freunden, zu vertiefen und zu intensivieren - solche Zauber nennt man ***„Bindungszauber"***.

Monolith: Bezeichnung für einen natürlich entstandenen oder bearbeiteten, aus nur einer Gesteinsart bestehenden Gesteinsblock.

Kleine Geschichte der Hexerei

Bezüglich der Frage, wie Hexerei entstanden ist, gibt es unterschiedliche Meinungen. Einige Historiker sind der Ansicht, dass sich diese auf die alten Fruchtbarkeitskulte bezieht. Andere sehen in der Hexerei eine Kombination verschiedener Überlieferungen und Rituale, etwa Naturreligionen, hebräische Mystik, keltische Bräuche und altgriechische Traditionen. Völkerwanderungen und Reisen von Kaufleuten verbreiteten diese Traditionen in alle Welt. Das magische Wissen wurde dabei meist nur mündlich weitergegeben.

In alten Kulturen wurden weise Frauen mit magischen Aufgaben betraut. Sie wirkten Zauber oder hielten Rituale ab, um die Geister der Vorfahren oder die Götter zu beschwören. Häufig wollte man etwa für eine reiche Ernte sorgen, Kranke heilen oder die Zukunft deuten.

Die alten Magierinnen hatten beinahe so viel Macht wie der Stammesführer selbst. Die Magierinnen beschritten den ***Alten Pfad*** (siehe nachstehendes Kapitel), einen Weg der absoluten Naturverbundenheit. Dazu mussten sie sich bestimmten Prüfungen unterziehen.

Im 8. Jahrhundert n. Chr. begann das aufstrebende Christentum schließlich, magische Praktiken immer mehr einzuschränken und Hexerei mit dem Bösen schlechthin in Verbindung zu bringen. So wurde es etwa zum Verbrechen erklärt, Geistern Opfergaben darzubringen. Später wurden auch Zauberformeln und Götterverehrung verboten. Christliche Gelehrte verbreiteten das Gerücht, dass der Teufel Frauen rekrutiere und sie zu Hexen verwandle.

Zwischen 1100 und 1300 verschärfte sich die Situation noch. Hexerei galt jetzt als Frevel gegen Gott und die Kirche. Vermeintliche Hexen wurden exkommuniziert, erhängt oder auf dem Scheiterhaufen verbrannt. Davor wurden sie unter teils schrecklicher Folter dazu gezwungen, ihr Bündnis mit dem Teufel zu gestehen und andere Hexen zu verraten. Bald schon wurde dies Mittel zum Zweck: Wer den Autoritäten ein Dorn im Auge war, konnte schnell als Hexe oder Hexer angeklagt werden. Geistliche Gerichte spielten bei neuzeitlichen Hexenprozessen allerdings kaum eine Rolle, hier waren weltliche Gerichte verantwortlich.

Profiteure des Leids waren bspw. Informanten, die oft bezahlt wurden, weiter Ärzte, die infolge der Vernichtung der Hexen weniger Konkurrenz durch Kräuterkundige fürchten mussten, sowie Autoritäten, die sich das Hab und Gut der Hingerichteten einverleibten. Manchmal ging es auch schlichtweg darum, Zeitgenossen, die einem aus verschiedensten Gründen unangenehm waren, auf diese Weise aus dem Weg zu räumen.

Trotz der strengen Verfolgung wurde das Wissen der Hexen jedoch nach wie vor heimlich an die nächsten Generationen weitergegeben, sodass die Hexentradition im 19. und 20. Jahrhundert wieder erstarken konnte. Möglich ist auch, dass sich hier bewusst ein Gegentrend zur vernunftbetonten Aufklärung manifestierte.

Magische Verbände wie der ***Hermetic Order of the Golden Dawn*** oder der ***Ordo Templi Orientis*** (dem zeitweise der berühmte Magier Aleister Crowley mit seiner Thelema-Philosophie vorstand) entstanden.

Ebenso bildete sich die Strömung des ***Neopaganismus*** heraus. Genau wie ***Wicca-Hexen*** verehren dessen VertreterInnen die Natur und streben eine harmonische Koexistenz von Umwelt und Mensch an. Häufig stellt Neopaganismus auch den Oberbegriff für ***Wicca*** und andere Traditionen dar.

Die Zahl der Hexen wächst in neuerer Zeit stetig. Magisches Wissen verbreitet sich rasant über Webseiten und Social Media. Die magische Tradition bleibt dabei nicht statisch, sondern entwickelt sich, passt sich den kulturellen und technischen Gegebenheiten an.

Der **Hermetic Order of the Golden Dawn** wurde auch als ***Liddell Mathers*** bekannt, in den Anfängen wurde der Verband maßgeblich von seinerzeit im Geheimen agierenden Hexenzirkeln wie dem ***New Forest*** beeinflusst.

New Forest: Eine Gegend in England, dort soll es einen Hexencoven gegeben haben, der nach dem Alten Pfad agierte.

Ordo Templi Orientis: Von Freimaurern gegründet und von der Hermetischen Bruderschaft des Lichts geprägt. Der ***Ordo Templi Orientis*** (‚Orientalischer Templerorden'), kurz OTO, ist eine zu Beginn des 20. Jahrhunderts gegründete okkulte Organisation, die bis in die Gegenwart als Initiatenorden esoterische Ideen und Praktiken lehrt.

Aleister Crowley (1875-1947): Britischer Okkultist, Schriftsteller und Bergsteiger.

Neopaganismus: (**von lateinisch paganus *„heidnisch"***). Neopaganismus oder Neuheidentum bezeichnet seit dem 19. Jahrhundert aufkommende religiöse und kulturelle Strömungen, die sich vor allem an antikem, keltischem, germanischem und slawischem Heidentum sowie an außereuropäischen ethnischen Religionen orientieren. Räumlichkeiten - etwas, das sich teilweise bis heute erhalten hat.

Bild 5 - © Public Domain Wikipedia
Das Rosenkreuz des „Hermetic order of the golden dawn“

Der Alte Pfad

Der ***Alte Pfad*** beschreibt die Ursprünge des Hexentums und der weisen Frauen beziehungsweise das Älteste, was diesbezüglich überliefert ist und in die heutigen Mysterien eingeflossen ist. Die Ursprünge reichen bis weit vor das Christentum zurück.

Der ***Alte Pfad*** ist ein Weg der absoluten Naturverbundenheit.- Es ist ein ursprünglich schamanischer Weg, allerdings mit Frauen in der Hauptrolle - obwohl natürlich auch hier das männliche Prinzip anerkannt wird und der Gott das Pendant zur Göttin ist.

Auch die Rituale waren wesentlich naturverbundener. Einweihungen fanden in der Natur und mit Prüfungen statt, die Vereinigung des Männlichen mit dem Weiblichen erfolgte durch tatsächliche sexuelle Vereinigungen in der Natur. Zu bestimmten Anlässen nahm der Mann die Gestalt des Gehörnten an und jagte die mit einem Dolch bewaffnete Frau, von der er seinerseits gejagt wurde (daher die Bezeichnung Jäger und Gejagter).

Es wurden auch Tieropfer dargebracht (z. B. Hirsch - Gott), aber nicht um des Tötens Willen, sondern rituell-zeremoniell unter dem Aspekt des Nehmens und Gebens. Das gejagte Tier war oft der heilige Hirsch, gelegentlich wurden aber auch, je nach Überlieferung, andere Tiere genannt, was auch vom jeweiligen Lebensraum abhängig war.

Auf jeden Fall musste sich der gehörte Gott dem Kampf mit dem Tier stellen, auch musste er als Sieger hervorgehen. Seine Waffe war entweder vorgegeben oder er durfte sie wählen.

Der Gehörte musste bei seiner Jagd zunächst Erfolg haben, bevor ihn die Göttin stellen konnte. Wenn die Göttin den Gehörnten erjagt hatte, ehe er das Tier besiegt hatte, hatte er seine Prüfung nicht bestanden.

Andernfalls - hatte er das Tier besiegt - war er durch den Kampf mit dem Tier mit Blut besudelt und die Göttin fügte dem Mann eine Verletzung zu - sein Blut und das Tierblut vermischten sich und so brachte auch der Mann ein Opfer dar, bevor sich Mann und Frau vereinigten.

Vermutlich gab es für beide eine Vorbereitungszeit in Einsamkeit, in der auch Trancezustände - durch Kräuter oder Tränke herbeigeführt - üblich waren und auch Visionen eine Rolle spielten, die sich auf das eigene Selbst, die folgende Jagd oder die Zukunft beziehen konnten.

Anwärterschaften und Prüfungen waren also mit tatsächlicher Enthaltsamkeit und Zurückgezogenheit verbunden, um Visionen zu erlangen. Ein bisschen greifen ***„Die Nebel von Avalon“***, ***„Das Licht von Atlantis“*** etc. das Thema des Alten Pfads auf.

Verschiedene Arten der Magie

Wicca

Wicca ist eine eigene Philosophie innerhalb der Hexerei, mit einem eigenen ethischen Kodex, eigenen Ritualen, Gottheiten usw. Wicca wird häufig synonym mit Hexentum verwendet, es gilt jedoch: Jede Wicca ist eine Hexe, umgekehrt ist jedoch nicht jede Hexe eine Wicca.

Gegenstand des Weltbilds und Glaubens sind sowohl das Selbst, die eigene Entwicklung und Transformation, als auch die Kräfte der Natur und des Verborgenen. Die wirkenden Kräfte werden durch Gottheiten repräsentiert.

Zentraler Bestandteil von Wicca ist u. a. ist der Glaube an eine Große Göttin, die sich mit dem Großen Gott vereint, wodurch die Dualität überwunden und die Welt transformiert wird. Jede Wicca entdeckt infolgedessen den göttlichen Funken auch in sich selbst.

Wicca basiert auf einer Verbundenheit mit der Natur, Spiritualismus und der Wahrung des Gleichgewichts zwischen Leben und Natur. Deshalb geht es in der Wicca-Magie darum, im Einklang mit der Natur zu leben und zu agieren. Die spirituelle Entwicklung ist essenziell, weiter die Erlangung von Weisheit und Selbst(-erkenntnis) sowie die Annäherung an das Göttliche. Die Magie wird in Eigenverantwortung praktiziert, ein bewusstes Leben im Denken und Handeln ist Voraussetzung für den Weg zu höherer Erkenntnis.

Verschiedene ***Wicca-Zirkel*** schöpfen aus unterschiedlichen magischen Traditionen, jedoch ist ihnen (ähnlich wie bei den Grünhexen) die Verehrung der Natur gemeinsam.

Der Begriff ***Wicca*** wurde aus dem Angelsächsischen übernommen, wo das Wort ***wicca*** (männliche Form) ***„Hexer“*** oder ***„Zauberer“*** bedeutet; die weibliche Form dieses Wortes ist ***wicce*** (wobei auch eine weibliche ***Wicca*** fast ausschließlich als ***Wicca*** bezeichnet wird; der Begriff wicce ist im praktischen Gebrauch eher unüblich). Das englische Wort ***witch*** für ***„Hexe“*** geht sprachgeschichtlich auf ***wicce*** bzw. ***wicca*** zurück.

Wicca lehnt sich an den Göttinnenkult an und ist eine naturverbundene Weltanschauung. Die dualen Kräfte der Natur sind Ausdruck der Großen Göttin und des Großen Gottes. Beide haben den gleichen Stellenwert. Erkenntnis und Entwicklung sind nur möglich, wenn man die polaren Kräfte der Natur und des Lebens gleichermaßen anerkennt. Letztendlich ist es die Vereinigung von Gott und Göttin, welche die Dualität und Polarität überwinden. Ihr Verschmelzen bedeutet Transformation und ist ein heiliger schöpferischer Akt.

Geist herrscht über Materie und Materie spiegelt das Wirken des Geistes. Man erkennt dies an Sonne und Mond, wobei die Sonne Ausdruck des männlichen Parts oder Gottes ist und der Mond die Weiblichkeit verkörpert.

Die Sonne (Geist) sendet mit ihrer feurigen Wärme den Samen des Lebens, der Mond als Ausdruck der Göttin empfängt ihn, veranschaulicht in den Mondphasen durch die Reflexion des Sonnenlichts zur Erde.

Wie in heidnischen Mysterienkulten üblich, feiern Wicca die Jahreskreisfeste, die sich am Lauf der Sonne und den Phasen des Mondes orientieren. Wicca praktizieren zeremonielle Magie im Rahmen einer höheren Ordnung und verfügen je nach Einweihungsgrad über fundierte Kenntnisse und Fertigkeiten in vielen Lebens- und Mysterienbereichen. In der eigentlichen Form des Wicca schließen sich die Anhänger zu ***Coven*** zusammen, bestehend aus 13 Mitgliedern. An ihrer Spitze steht ein Hohepriester oder eine Hohepriesterin. Sie leiten die Rituale und initiieren die Mitglieder des Covens.

Es handelt sich dennoch um keine strenge Hierarchie, denn die Mitglieder unterscheiden sich zwar in ihrem Einweihungsgrad, sie sind aber gleichwertige Mitglieder.

Streng genommen darf man sich nur als Wicca bezeichnen, wenn man als solche in einem Coven initiiert wurde. Es gibt jedoch inzwischen verschiedene Formen, die sich in Gruppen mit mehr oder weniger als 13 Mitgliedern zusammenfinden, weiter gibt es auch einzeln oder in lockerer Gemeinschaft praktizierende Wicca.

Sie alle orientieren sich an der Naturmagie, den Wurzeln okkulter, mythologischer und magischer Überlieferungen und gliedern diese durch zeremonielle Instrumente und Handlungen in das Leben der Neuzeit ein. Letztendlich gleicht kein Wicca-Coven dem anderen - es handelt sich keinesfalls um ein dogmatisches System. Es liegen bestimmte Grundsätze, Glaubenssätze, Leitsätze und Strukturen zugrunde, darauf basierend besteht aber ein großer Freiraum. Ein Wicca-Coven kann sich eher der ägyptischen Magie bedienen, ein anderer ist eher keltisch orientiert, wieder ein anderer arbeitet mit fernöstlichen Praktiken.

Coven: (**altfranz. covent**, convent) ist eine Bezeichnung für eine religiöse, meist weibliche Gemeinschaft oder Versammlung von bis zu dreizehn aktiven Hexen, auch als Hexenzirkel bezeichnet. Räumlichkeiten - etwas, das sich teilweise bis heute erhalten hat.

Bild 6 - © depositphotos - kotin
Coven - Treffen von Hexen

Ist Wicca tatsächlich eine Religion?

Gerne wird Religion mit den Weltreligionen assoziiert, die einen Gott an der Spitze haben, der keine anderen Götter neben sich duldet. Der lateinische Begriff ***„religio“*** bezeichnet jedoch, abgeleitet von ***„relegere“***, eine Form der Achtsamkeit. Im Glaubenssystem kann Religion als Anerkennung einer Sinnhaftigkeit und Achtung vor dieser betrachtet werden. Das Glaubenssystem macht abstrakte und komplexe Inhalte und Zusammenhänge greifbar und begreifbar.

Wicca ist folglich durchaus eine Religion, allerdings eine ***polytheistische***: Das Göttliche, die Kraft des höheren Seins, wird in Göttin und Gott verehrt.

Die Götterpaare wiederum können je nach Kultur und Tradition unterschiedliche Namen und Erscheinungsformen haben: ***Aradia*** und ***Cernunnos, Diana*** und ***Pan, Freya*** und ***Odin, Lilith*** und ***Samael, Isis*** und ***Osiris, Astarte*** und ***Adonis*** oder ***Ishtar*** und ***Tammuz***. Daneben werden gelegentlich weitere Gottheiten und höhere Wesenheiten verehrt, etwa die Pflanzen- und Baumgeister oder die Hüter der Elemente.

Polytheismus: **(von altgriechisch polys *„viel“*, und theoi *„Götter“*)** bezeichnet die religiöse Verehrung einer Mehrzahl von Göttinnen, Göttern und sonstigen Gottheiten oder Naturgeistern.

Wicca als moderne Form des Hexentums ermöglicht es, Weisheiten und Praktiken alter Mysterien in die Neuzeit zu transportieren, für die Menschen der westlichen Kulturen anwendbar. Hier hat die Natur nur noch wenig Raum und die materiell orientierte Gesellschaft mit ihren Strukturen, Verpflichtungen und Hierarchien bestimmt das Leben. Wicca widmen sich diesem Leben nach wie vor, schaffen sich aber ihren eigenen Raum, um ihren naturverbundenen Glauben zu leben, sich spirituell zu entwickeln, Weisheit zu erlangen, Magie zu praktizieren und sich dem Göttlichen anzunähern.

Wicca streben danach, die göttlichen universellen Kräfte in sich selbst zu entfalten und den eigenen göttlichen Funken zu erwecken. Durch magisches Wirken, gepaart mit der Schulung der eigenen Kräfte und der Entwicklung ihrer Fähigkeiten, nehmen sie eigenverantwortlich Einfluss auf ihr Leben und agieren im Einklang mit der Natur, der sie verbunden sind. Dies erfordert ein Loslassen starrer Weltbilder, weiter, dass man sich den wirkenden Kräften, Gott und Göttin öffnet, um mit ihnen zu interagieren.

Geschichtliche und philosophische Hintergründe

Um die Wicca-Bewegung zu verstehen, ist ein kurzer geschichtlicher Abriss mit Einblick in die hintergründige Philosophie hilfreich. Als Initiator beziehungsweise Begründer gilt ***Gerald Brousseau Gardner***, der seinerseits die Einweihung durch eine Hexe des Alten Pfades erhalten haben soll. Das Hexentum ist jedoch äußerst vielschichtig und wie andere Okkultisten fügte sich Gardner aus verschiedenen magischen Richtungen sein eigenes System zusammen. Als Beispiel sei auch ***Aleister Crowley*** genannt, auf den ***Thelema*** und der ***Thoth-Tarot*** zurückgehen. Crowley übernahm unter anderem Traditionen des ***Golden Dawn*** und des O.T.O., die ihrerseits verschiedene magische Traditionen zu einem Komplex zusammengefasst hatten. Daher findest Du im Wicca Einflüsse aus unterschiedlichen Mysterienkulten.

Gerald Brosseau Gardner 1884-1964: Englischer Kolonialbeamter, Autor, Okkultist und Begründer der Wicca-Religion.

Thelema: (**griechisch θέλημα *Wille, Gebot, Verlangen, Intention***) ist der Oberbegriff für eine lose zusammenhängende neureligiöse Bewegung. Diese bezieht sich in weiten Teilen auf **Aleister Crowley** und sein ***Liber AL vel Legis***, orientiert sich aber auch an okkulten und magischen Traditionen.

Crowley Thoth Tarot: Ein vom englischen Okkultisten Aleister Crowley konzipiertes und von der Künstlerin Frieda Harris ausgeführtes Tarot-Deck. Es ist eines der meistverbreiteten und meistverkauften Tarot-Decks weltweit.

Golden Dawn: Der Hermetic Order of the Golden Dawn (hermetischer Orden der goldenen Morgendämmerung, kurz: Golden Dawn) war eine magische diskrete Gesellschaft. Diese wurde um 1887/1888 in London von William Robert Woodman, Samuel Liddell, MacGregor Mathers und William Wynn Westcott gegründet. Der Orden bestand bis 1903 und zerfiel dann wegen innerer Streitigkeiten in diverse Nachfolgeorganisationen. Berühmte Mitglieder des Ordens waren u. a. John William Brodie-Innes und Aleister Crowley.

Ziel und Sinn dessen sind, ein funktionierendes, interessierten Menschen zugängliches und praktizierbares System zu schaffen, auf die westliche Weltanschauung und den modernen Menschen mit seinem kulturellen Hintergrund abgestimmt. Wicca gehen ihren alltäglichen Verpflichtungen nach, sind Familienmenschen und haben ein gesellschaftliches Leben mit individueller Freizeitgestaltung.

Der Coven bietet einen gesonderten Raum zur Entfaltung: Jahreskreisfeste mit ihren Zeremonien, die Kunst des Wahrsagens, die Verehrung der Göttin, Rituale und magisches Arbeiten werden hier praktiziert und gefördert. Zeremonielle Aspekte schaffen einen Rahmen, sich ganz auf das Wesentliche zu konzentrieren und öffnen das Tor in die magische Welt, unberührt und unbeeinträchtigt vom Alltagsgeschehen.

Gardner definierte Glaubenssätze, einen Kodex, der für alle Wicca gilt. Dieser ist unabhängig vom Coven zu achten: Im Laufe der Zeit entstanden verschiedene Wicca-Traditionen, die sich für die Integration anderer Mysterien und Systeme entschieden haben, sodass es inzwischen verschiedene Strömungen gibt: Unter der Leitung von ***Alex*** und ***Maurice Sanders***, ehemaligen Schülern Gardners, entstand das ***Alexandrian Wicca***, welches strenger zeremoniell geprägt ist. Das ***Gardnerian Wicca*** dagegen lässt mehr Raum für improvisatorische Freiheit in Form von Gesängen und Tänzen. Die Kernauffassung ist dieselbe, die Umsetzung und Ausübung variiert.

Alexandrian Wicca: Bezeichnet die auf Alex Sanders zurückgehende Abspaltung des Wicca. Zwar behauptete Sanders, einer eigenen Linie (durch seine Großmutter) anzugehören, jedoch unterscheidet sich dieser Zweig nur unwesentlich von Gardners Vorstellungen.

Gardnerian Wicca: Bezeichnet die traditionellste Form des auf **Gerald Gardner** zurückgehenden Wicca. Man muss durch einen Coven initiiert sein, wenn man diesen Weg beschreiten will.

Es gibt weder im Ursprung noch in den abgewandelten Wicca-Traditionen eine offizielle übergreifende Organisation oder zentrale Leitung. Jeder Coven ist unabhängig, wodurch sich die Gestaltungsfreiheit erklärt. Einige Coven wenden sich eher der ***Hermetik*** zu, andere der ***Kabbala*** und dem ***Henochischen***, dem ***Tantra*** oder weiteren Traditionen.

Hermetik: Neuzeitliche Bezeichnung für eine antike, vor allem in der Renaissance stark nachwirkende religiös-philosophische Offenbarungslehre.

Henochische Magie: (**Enochian Magick**) von **Dr. John Dee und Edward Kelly** mit dem System der magischen Wachtürme gilt als eines der mächtigsten magischen Systeme der Welt.

Kabbala: Mystische Tradition des Judentums; bezeichnet sowohl bestimmte (***„kabbalistische"***) überlieferte Lehren als auch bestimmte überlieferte Schriften.

Tantra: (**sanskritisch *„Gewebe, Kontinuum, Zusammenhang"***) bezeichnet verschiedene Strömungen innerhalb der indischen Philosophie und Religion, die zunächst als esoterische Form des Hinduismus und später des Buddhismus innerhalb der nördlichen Mahayana-Tradition entstanden.

Es ist unklar, ob ein Hexenkult ähnlich dem Wicca schon länger existiert. Möglicherweise hatte Gardner neben seinen Kontakten zu ***Freimaurer-Logen*** und dem ***Hermetic Order of the Golden Dawn*** auch solche zu okkulten Hexen, die den alten Göttinnen-Kult lebten und praktizierten und durch die er tatsächlich eine Initiation des ***„Alten Pfades"*** erhielt. Fest steht, dass er den Kult zwischen Anfang und Mitte des 20. Jahrhunderts in seiner heutigen Form etablierte.

Gardners 1954 erschienenes Buch ***Witchcraft Today*** trug maßgeblich zum Bekanntwerden und der Verbreitung des Hexenkults in seiner modernen Form bei.

Die **Freimaurerei** versteht sich als ein ethischer Bund freier Menschen mit der Überzeugung, dass die ständige Arbeit an sich selbst zu Selbsterkenntnis und einem menschlicheren Verhalten führt. Die fünf Grundideale der Freimaurerei sind Freiheit, Gleichheit, Brüderlichkeit, Toleranz und Humanität. Sie sollen durch die praktische Einübung im Alltag gelebt werden. Die Freimaurer organisieren sich in sogenannten Logen.

Mit **Freimaurerloge** (**von englisch lodge *‚Hütte'*, *‚Loge'*; althochdeutsch loubjà *‚Laube'***) wird zum einen eine Bauhütte (oder auch ***Logentempel***) bezeichnet, in der sich Freimaurer versammeln, um dort gemäß ihren Gebräuchen zu arbeiten. Zum anderen werden die Vereinigungen selbst so genannt.

Das Erscheinen von Gardners Buch ***Witchcraft Today*** fiel in den Zeitraum, als das Verbot gegen Hexerei in England aufgehoben wurde, was ebenfalls ein Hinweis darauf sein kann, dass ein ähnlicher Kult bereits vorher im Verborgenen existiert hat und Gardner die Gunst der Stunde nutzte, ihn unter der Bezeichnung ***Wicca*** wieder offiziell ins Leben zu rufen. Darauf deutet auch die anfängliche Bezeichnung Wicca hin, welche die ***„alte Religion"***, den ***„Alten Pfad"*** oder das ***„Alte Hexentum"*** benennt.

Genauso könnte es sich um eine Ableitung des germanischen ***„vi-karr"*** für einen Weisen oder Geweihten handeln: ***Vi*** bedeutet ***„heilig"***, ***karr*** bedeutet ***„Haar"*** und ***vi-karr*** ist ein Synonym für die ***Odinsweihe***, das ***„Weihehaar"***. Auch heute herrscht in esoterischen Kreisen bisweilen die Auffassung, dass langes Haar wie eine Antenne zum Feinstofflichen fungiert.

Das Haar selbst ist ein geheimnisumwobenes Mysterium: In Ritualen, wie sie im Voodoo oder in der Sympathiemagie beziehungsweise dem personenbezogenen Zauber praktiziert werden, wird nicht selten eine Haarsträhne des Betroffenen verwendet, um eine Verbindung herzustellen. Darin ist der energetische ***„Abdruck"*** des Menschen enthalten, und je länger das Haar gewachsen ist, umso mehr konnte es über die Zeit aufnehmen.

Weihehaar: Das wehende Haar ist ein Zeichen der äußeren Odinsweihe. Die Haare werden als Zeichen der Weihe an den Gott nicht geschnitten.

In einigen okkulten Zirkeln geben die Mitglieder eine Haarsträhne als ***„magisches Pfand"*** ab, als Zeichen der Anerkennung der internen Strukturen und der Besiegelung, die Interna und das weitergegebene Wissen zu hüten.

Der offizielle Ursprung des ***Wicca*** liegt zwar in Großbritannien, verbreitet hat sich die neuheidnische Bewegung aber insbesondere in den USA. Hier erfolgte 1994 auch die Anerkennung als Religion. Bekannte führende und die Wicca-Bewegung prägende Personen waren, neben Gardner und Sanders, Vivianne Crowley, Eleanor Bone, Doreen Valiente, Zsuzsanna Budapest und Miriam Simons (Starhawk). Aus dem ursprünglichen ***Gardnerian Wicca*** und dem folgenden ***Alexandrian Wicca*** entwickelten sich so weitere Strömungen mit jeweils anderen Schwerpunkten.

Gerald Gardner, der Begründer der Wicca-Religion, brachte damals weitere unterschiedliche Traditionen aus verschiedenen Kulten und Orden (bspw. von den alten Ägyptern, von Aleister Crowley usw.) in die Wicca-Tradition und erschuf damit eine zeitgemäße, facettenreiche Religion. Mittlerweile zählt Wicca zu den am schnellsten wachsenden religiösen Bewegungen in den USA, aber auch in Europa ist sie längst angekommen.

Trotz ihres religiösen Charakters lässt Wicca ihren Mitgliedern viele Freiheiten. Im Grunde genommen gibt es nur ein Gesetz (Wicca-Kodex), das man zu befolgen braucht: ***„Tu, was Du willst, aber füge niemandem Schaden zu" („An' it Harm None, Do What Ye Will.")***. Denn laut Wicca-Glauben fällt alles, was man unternimmt oder energetisch wirkt, dreifach auf einen selbst zurück - ob positiv oder negativ.

(Noch viel mehr über Besonderheiten und Praktiken von ***Wicca*** findest Du bei Interesse in meinem Buch **„Wicca - Das Geheimnis der neuen Hexenkunst"**.)

Tipp

Du bist gesellig und brauchst einen festen Rahmen für Deine Rituale? Dann könntest Du darüber nachdenken, Dich einem Wicca-Hexenzirkel (**engl. Coven**) anzuschließen.

Grünhexen

Grünhexen nehmen die Verbindung des Menschen mit der ***Natur***, wie es zuvor schon angesprochen wurde, besonders ernst. Sie versuchen, die Verbindung zur Natur mit Zaubersprüchen und Ritualen positiv zu gestalten und setzen sich bspw. für verschiedene Umweltprojekte ein. Grünhexen sind offen und dankbar für Zeichen und Geschenke, die ihnen die Natur gibt - etwa eine herunterfallende Baumfrucht, die sie für die Zubereitung eines Zaubertranks verwenden können. Meistens wirken Grünhexen ihre Zauber in der freien Natur.

Die Grünhexerei wurzelt in der Tradition der Schamanen, Kräuterfrauen und Hebammen. Häufig arbeiten Grünhexen mit Elementarwesen oder Naturgeistern zusammen. Früher lebten sie als Einsiedlerinnen hoch auf dem Berg oder tief im Wald, heute trifft man sie in Dörfern oder sogar in ruhigen städtischen Wohngegenden an, wo sie in ihrem Garten oder auf dem Balkon Kräuter pflanzen.

Grünhexen handeln immer im Einklang mit der Natur und folgen einem Weg, den die Magierin Skye Alexander den ***„Grünen Pfad"*** nennt - einen eigenen spirituellen Pfad, der durch die Maximen ***Heilen***, ***Harmonie*** und ***Balance*** abgesteckt ist. Durch ihre magischen Praktiken wollen Grünhexen nicht nur für sich selbst von Nutzen sein, sondern auch für die Erde und die gesamte Menschheit.

Grünhexerei stellt keine fest umrissene Tradition dar, deshalb gibt es auch keinen Wissenskanon, weiter keine ***„Oberhexen"*** und keine festgelegten magischen Praktiken.

Das Anlegen von Gärten, das Montieren von Solaranlagen und das Engagement in einem Tierschutzverein - all das kann in den Wirkungsbereich einer Grünhexe fallen.

Du bist gerne draußen unterwegs und eher eine Einzelgängerin? Dann befasse Dich doch einmal genauer mit dieser Hexentradition.

Kräuter- und Küchenhexen

Kräuter- und Küchenhexen haben einige Gemeinsamkeiten mit Grünhexen, jedoch praktizieren Erstere ihre Magie überwiegend in den ***eigenen vier Wänden***. Sie betreiben Kräutermagie, beschäftigen sich aber häufig auch mit Meditation oder Astralreisen (Bewusstseinsreisen). Natürlich fließt ihre Magie auch in die Gerichte mit ein, die sie zubereiten.

Oft haben Kräuterhexen ihr Wissen von ihren Vorfahren erlernt, etwa von der Großmutter, oder aber sie haben sich ihre Kenntnisse autodidaktisch angeeignet. Das eigene Zuhause und insbesondere die Küche sind ihre spirituelle Basis. Sie hegen und pflegen ihr Zuhause wie einen Tempel, in dem man sich stärken kann und sich geschützt fühlt. Energie kann dort frei und uneingeschränkt fließen. Kräuter- und Küchenhexen fokussieren sich auf die Familie und auf enge soziale Kontakte, um die sie sich kümmern, die sie nähren und umsorgen.

Als Symbolobjekte ihres Wirkens gelten ***Kessel*** und ***Herdfeuer***. Der Kessel steht dabei für Überfluss und Gastfreundschaft, im übertragenen Sinn steht er für Fruchtbarkeit und damit verwandte Konzepte. Die Flamme repräsentiert Aktivität, Reinigung und Inspiration (siehe hierzu auch das Kapitel ***„Feuer“***).

Du bist der Meinung, dass es zuhause am schönsten ist? Du liebst Deine Familie über alles? Dann könnte aus Dir eine gute Küchenhexe werden.

Bild 7 - © depositphotos - FairytaleDesign
Hexenkexel auf dem Feuer im Kamin einer Hexenküche

Zeremonialmagier/-innen

Zeremonialmagie wird auch als ***Hohe Magie*** oder ***Ritualmagie*** bezeichnet. Sie speist sich aus unterschiedlichen frühen Magietraditionen, etwa der hebräischen Kabbala, den Lehren des ***Hermes Trismegistos*** und der Freimaurer, Rosenkreuzer und Gnostiker. Der letzte große Verbund von Zeremonialmagiern war der ***Hermetic Order of the Golden Dawn*** (Hermetischer Orden der Goldenen Morgenröte).

Im Gegensatz zu Wicca und anderen Strömungen ist die ***Zeremonialmagie*** strenger und mehr vom Intellekt beherrscht. Von Mitgliedern wird häufig das Studium verschiedener magischer Systeme und Richtungen wie Kabbala, Astrologie und Tarot verlangt. Für jeden noch so speziellen Anlass kennen Zeremonialmagier(-innen) ein Ritual. Wichtige Ziele der Zeremonialmagie sind spirituelle Erleuchtung, Stärkung der außersinnlichen Wahrnehmung und ein tieferes Verständnis für die kosmische Ordnung.

Du bist eher eine Theoretikerin und setzt Dich gerne mit unterschiedlichen magischen Traditionen auseinander? Dann ist Zeremonialmagie vielleicht genau Dein Ding.

Hermes Trismegistos: Die Göttergestalt des Hermes Trismegistos (***„der dreimal größte Hermes“***) ist eine synkretistische Verschmelzung des griechischen Gottes Hermes mit dem ägyptischen Gott Thot.

Altnordische Hexen

Seidr- oder ***Völva-Hexen*** ehren nordische Gottheiten wie etwa ***Odin*** und ***Freya***. Sie widmen sich der ***Seidr-Tradition***, die darin besteht, die von den nordischen Nornen gewebten Schicksalsfäden neu zu ordnen. Hierzu verwenden sie echte Spinnstäbe und Runen, sie begeben sich aber auch in Trance, um die Zukunft vorherzusehen und zu beeinflussen. Früher waren altnordische Hexen häufig gefürchtet, da man ihnen große magische Fähigkeiten zutraute, jedoch wusste man gleichzeitig nicht viel über deren Tradition und Praxis.

Kosmische Hexen

Kosmische Hexen werden auch Himmlische Hexen genannt. Sie binden den Mond, die Planeten und die Sterne in ihr magisches Wirken mit ein. Sie kennen sich üblicherweise sehr gut mit Astronomie und Astrologie aus und wirken Zauber entsprechend dem Stand der Gestirne.

Odin (auch Wotan): Hauptgott der nordischen und germanischen Mythologie. Er fungiert als Göttervater, Kriegs- und Totengott, als ein Gott der Dichtung und der Runen, der Magie und Ekstase mit deutlich schamanischen Zügen.

Freya: Bekannteste Göttin der germanischen und nordeuropäischen Völker. Göttin der Liebe, der Sinnlichkeit, der Sonne, der Schönheit und der Fruchtbarkeit; aber auch Kriegsgöttin.

Küchenhexe werden.

Bild 8 - © depositphotos - algolonline
Moderne Darstellung des Göttervaters Odin mit seinen zwei Raben

Schamanen

Schamanismus ist möglicherweise die älteste magische Praxis der Welt. Ursprünglich sah man nur die sibirischen Medizinmänner als Schamanen an. Irgendwann subsumierte man auch die Medizinmänner Nord-, Mittel- und Südamerikas unter diesem Begriff. Mittlerweile wird der Begriff jedoch auf sämtliche Menschen angewandt, die schamanische Praktiken unterschiedlicher Kulturen anwenden. Früher gab es vorwiegend männliche Schamanen, obwohl auch vermehrt Schamaninnen auftraten und immer mehr auftreten.

Sowohl Schamaninnen als auch Wicca, Grünhexen und Kräuterhexen stehen eng mit der Natur in Verbindung. Schamanen und Schamaninnen haben jedoch zusätzlich einen besonders intensiven Zugang zur ***Geisterwelt*** und holen sich dort auch Rat. Denn nach schamanischer Auffassung ist die physische Welt nur eine von mehreren Welten.

Es gibt die obere, die mittlere und die untere Welt, wobei diese Begriffe im Gegensatz zur christlichen Vorstellung von Himmel, Hölle und irdischem Dasein völlig wertneutral verwendet werden. Die mittlere Welt ist der Lebensraum von Menschen, Tieren und Pflanzen. Während die Oberwelt den Göttern und höheren Geisterwesen vorbehalten ist, gilt die Unterwelt als das Reich der Toten, Schatten und Geister. Gesellschaftlich ist diese wie die Welt der Menschen strukturiert. Die Grenzen zwischen den einzelnen Lebensräumen sind jedoch nicht fix, sondern durchlässig.

Bei den Völkern Sibiriens glaubt man, dass die Menschen in alter Zeit fähig waren, zwischen diesen Welten zu reisen. Da die Reise zu den Geistern jedoch nicht nur anstrengend ist, sondern auch gewisse Verständigungsprobleme birgt, war es üblich, nur speziell geschulte Personen in Gestalt der Schamanen diesen Weg antreten zu lassen.

Andere Kulturen kennen bestimmte Daten, an denen die Grenzen zwischen den Welten durchlässig sind, sodass Kontakte zu den geistigen Wesen möglich sind. Bei den Kelten war dieser Tag ***Samhain***, die letzte Nacht des alten Jahres, die am 31. Oktober begangen wurde und heute unter dem Namen ***Halloween*** eine Neuinterpretation erfährt.

Durch Trommeln, Tanzen, Fasten oder mithilfe von Kräutern und Pflanzen begeben sich Schamaninnen und Schamanen in einen anderen Bewusstseinszustand, um die Grenze zwischen dieser und anderen Welten überschreiten zu können. Zuweilen begeben sie sich auch auf Astralreisen: Dabei verlässt ihr Geist den Körper und schwebt frei durch andere Ebenen, um den Geistern Verstorbener oder aber Göttern zu begegnen. (Mehr über Schamanismus findest Du bei Interesse in meinen Büchern **„Krafttiere und Schamanismus - Die verlorene Seele wiederfinden“, „Schamanische Reisen zum Krafttier - Heimkehr der verlorenen Seele“** und **„Krafttiere als Spiegel der menschlichen Seele - Wegbegleiter am Wendepunkt des Lebens“**).

Hexer

Hexer sind laut der frühneuzeitlichen Hexenlehre die männlichen Pendants der Hexen. Zum Teil werden sie auch (nicht korrekt) als Zauberer betitelt.

Das Wirken der Hexer ist ebenso wie das der Schamanen von der Auffassung geprägt, dass es mehr Wirklichkeitsebenen gibt als die unsere. Hexer streben danach, die Seelen von Steinen und Bäumen und auch die Geistwesen in der Umgebung wahrzunehmen. Fortgeschrittene Hexer können außerdem einen Astralkörper von sich erzeugen, welchen sie alsdann auf Reisen um die ganze Welt schicken.

Druiden

Als ***Druiden*** bezeichnete man ursprünglich die Heiler, Lehrer, Schreiber und auch Seher der alten Kelten. Sie führten Rituale durch, kümmerten sich um Kranke, schauten in die Zukunft, zeichneten Ereignisse auf und sprachen sogar Urteile. Tätig waren sie vor allem in Großbritannien und Irland zwischen 700 v. Chr. und 100 n. Chr., nach der Machtübernahme der Römer und Christen verschwanden sie jedoch.

Heutigen Druiden stehen deshalb nicht viele Anhaltspunkte bzgl. der früheren magischen Praxis zur Verfügung - obwohl viele Experten der Ansicht sind, dass die Druiden die moderne Hexerei entscheidend beeinflusst haben. Deshalb verbinden moderne Druiden die wenigen überlieferten Rituale mit modernen Praktiken. In ihre Praktiken beziehen sie besonders Bäume mit ein, denn nach ihrer Ansicht speichern Bäume viel Weisheit, die dem Menschen nützlich sein kann - hier wären besonders Eichen zu erwähnen.

Alchemisten

Alchemie wird seit über zwei Jahrtausenden praktiziert. Alchemie bezeichnet Prozesse, mit denen Stoffe umgewandelt werden können, vor allem unedle Metalle in edle Metalle, wie etwa Blei zu Gold. Bekannt sind auch die Versuche mancher Alchemisten, ein Lebenselixier zu brauen, das unsterblich macht. Tatsächlich haben wir Alchemisten Einiges an Wissen über die Herstellung bestimmter wichtiger Stoffe zu verdanken, hierzu gehören bspw. Schießpulver, Tinte (Preußisch Blau) und die (Wieder-)Entdeckung des Porzellans.

Bild 9 - © depositphotos - Tverdohlib.com
Ein Druide

Sexualmagier(-innen)

Sexualmagie existiert tatsächlich bereits seit Jahrtausenden. Schon die Kelten vollzogen während der Aussaatsaison um ***Beltane*** (der Nacht vom 30. April auf den 1. Mai) rituellen Geschlechtsverkehr. Auch im alten Griechenland und in Indien (Stichwort: ***Tantra Yoga***) gab es Sexualmagier(-innen). Vor allem Aleister Crowley, der berühmte Magier des Golden Dawn-Ordens, brachte die Sexualmagie in die westliche Welt. Sexualmagie kann Ritualen und Zaubern noch zusätzliche Macht verleihen und deren Ergebnisse beschleunigen - schließlich wohnt dem Geschlechtsakt eine große Energie inne.

Voodoo-Praktizierende

Voodoo wurde ursprünglich von afrikanischen Sklaven nach Haiti gebracht und verbreitete sich von dort aus in großen Teilen des Südens der USA. Im traditionellen Voodoo werden häufig Geister angerufen. Dabei versetzen sich die MagierInnen mithilfe von Drogen, Alkohol, Gesang und Tanz in Ekstase. Dabei können sie von Geistern besetzt werden, die sich auf diese Weise den Zusehenden mitteilen. Leider sind auch die dunklen Klischees zum Voodoo, etwa das Vorkommen von nadelgespickten Puppen, nicht aus der Luft gegriffen - auch Versuche, die Gedanken anderer Menschen zu kontrollieren und das Verüben von Ritualmorden, können durchaus vorkommen.

Eklektische Hexen

Schließlich gibt es eklektische Hexen, die Praktiken verschiedener Strömungen miteinander kombinieren. Für sie ist es von immanenter Bedeutung, dass sie eine persönliche Bindung zu der Praktik spüren, die sie ausüben.

Bild 10 - © depositphotos - FairytaleDesign
Voodoo-Zauberin mit einer Schlange

Bild 11 - © depositphotos - FairytaleDesign
Voodoo-Zauberer mit einer Krähe

Glaubenssätze

Viele Hexen gehen davon aus, dass es ***mehrere Realitäten*** bzw. ***Seinsebenen*** sowie ***nicht-körperliche Entitäten*** gibt. Manche Hexen verehren bestimmte Götter und Göttinnen, andere glauben an Engel, Feen oder Naturgeister. Zahlreiche Hexen sind auch der Auffassung, dass alles Sein auf der Erde - zum Beispiel auch Steine und Pflanzen - über eine Seele verfügt.

Zudem glauben die meisten Hexen an ***Wiedergeburt***. Ihrer Vorstellung nach wird die Seele bzw. die Energie des Menschen nach dem Tod in einer anderen Bewusstseinsebene ***„geparkt"***, ehe sie in einen neuen Körper hineingeboren wird. Bei den Wicca heißt diese Ebene bspw. ***„Sommerland"*** und kann mit dem christlichen Paradies verglichen werden. Jede Wiedergeburt wird als eine Art Lektion betrachtet. - Erst wenn der Mensch alle nötigen Lektionen durchlaufen hat, wird er nicht mehr wiedergeboren und erfährt dauerhaftes Glück in der jenseitigen Welt.

Gottheiten

Wie im vorherigen Absatz bereits erwähnt, glauben viele Hexen an die Existenz von Göttinnen und Göttern. Dabei sieht ihr Glaube jedoch im Einzelnen unterschiedlich aus: Manche Hexen glauben an eine Vielzahl von Göttern. Wicca und viele andere traditionelle Hexen glauben dagegen nur an eine Göttin und deren „Gottgefährten". Beide repräsentieren weibliche und männliche Kräfte in der Natur, die stets zusammenwirken und einander ausgleichen. Sie sind beide aus derselben Urenergie hervorgegangen.

Die weibliche Kraft oder Energie repräsentiert dabei das Empfangende, das Sensible, das Passive und Intuitive. Weibliche Energien finden sich im Wasser, der Erde und der Nacht. Im Wicca-Glauben ist die weibliche Kraft eng mit dem Mond verbunden und tritt je nach Mondphase als Jungfrau, Mutter und Zauberin in Erscheinung - in einer Art Dreifaltigkeit.

Männliche Energie repräsentiert dagegen das Aktive, das Drängende und findet sich im Feuer, im Wind, in der Sonne und im Tag. Im Wicca-Glauben wird die männliche Energie oft auch als Jäger, als Gejagter oder als Hirsch dargestellt.

Tipp

Überlege Dir, welcher Tradition bzw. welchem Glauben Du Dich außerhalb der Hexentradition noch verbunden fühlst und suche Dir, wenn Du möchtest, eine oder mehrere Gottheiten aus. Manchmal wählen die Gottheiten aber auch ***Dich*** aus, erscheinen Dir etwa im Traum oder während einer Meditation. Du kannst Deine Gottheit alsdann um Unterstützung bei Zaubern oder auf Deinem gesamten Weg des magischen Wirkens bitten. Bring Deinen Gottheiten Opfer und lade sie ein, Deinen Ritualen beizuwohnen. Bringe außerdem so viel wie möglich über Deine Gottheiten in Erfahrung. Errichte ihnen zu Ehren einen Altar oder einen Schrein und platziere dort Bilder, Statuen oder Ähnliches. Finde die Vorlieben Deiner Gottheiten heraus und opfere ihnen von Zeit zu Zeit Essen, Pflanzen, Edelsteine oder Ähnliches. Zolle ihnen dabei stets Respekt und versuche nicht, sie zu etwas zu zwingen oder sie um Hilfe bei Schadenszaubern zu bitten.

Inwieweit Gottheiten am magischen Wirken beteiligt sind, darüber ist sich die Hexengemeinschaft uneinig. Manche sind der Ansicht, dass die Götter Rituale nur ***„beaufsichtigen"***, andere sind der Meinung, dass sie aktiv mit den Göttern kooperieren, wenn sie Magie wirken.

Schwarze und weiße Magie

Die Nachbarin von nebenan geht Isabell auf die Nerven. Sie späht aus der Tür, wenn Isabell Männerbesuch bekommt, tuschelt laut mit anderen Leuten im Flur und stampft nachts laut in der Wohnung herum, wenn sie nicht schlafen kann. Und seitdem Isabell so seltsame Dinge wie Hexenkessel, einen Dolch und verschiedene Baumrinden anschleppt, ist die Nachbarin natürlich noch neugieriger geworden.

Doch die Nachbarin direkt zu konfrontieren, darauf hat Isabell auch keine Lust. Nachher hängt der Haussegen noch dauerhaft schief! Eines Tages ist es Isabell aber doch zu viel und sie beschließt, indirekt etwas dagegen zu unternehmen. Sie hat da einen Zauber im Internet gefunden, mit dem man Menschen für einige Wochen ans Bett fesseln kann. „Sie werden nicht ernstlich krank", steht dort, „sie bekommen nur ein großes Bedürfnis nach Schlaf und möchten ihr Bett gar nicht mehr verlassen." Damit wären alle meine Probleme elegant gelöst, denkt sich Isabell.

Eines Abends nach der Arbeit setzt sie sich also hin und befolgt die Anweisungen des Zaubers, die sie ausgedruckt hat. Als sie zur letzten Zeile der Beschwörung gelangt, flackern kurz die Flammen der Kerzen, die sie um sich herum aufgestellt hat. Draußen braust der Wind auf. Isabell erschrickt kurz, fasst sich aber schnell wieder. Als sie zu Bett geht, bemerkt sie, dass gar kein Getrampel zu hören ist. Möglicherweise hat der Zauber also schon gewirkt!

Einige Tage lang ist alles ruhig. Isabell ist glücklich - endlich kann sie ungestört ihren Einkäufen nachgehen und Männer einladen.

Doch eines Tages hört sie im Flur zufällig ein Gespräch mit. Eine andere Dame aus dem Haus spricht mit einem jungen Mann, der vor der Tür der Nachbarin steht. Er erzählt ihr, dass seine Mutter seit einigen Wochen aufgrund einer unerklärlichen Krankheit ans Bett gefesselt ist und sie sich bereits wundgelegen hat. Isabells Herz klopft. Sie wollte die Nachbarin doch nur für ein paar Tage außer Gefecht setzen! Und nun hat sie wegen ihr noch Schmerzen und möglicherweise eine schlimmere Krankheit…

Schnell sucht Isabell auf der Webseite, auf der sie den Zauber gefunden hat, nach einem Gegenzauber, doch sie kann nichts finden. Das schlechte Gewissen fängt an, sie zu plagen. Sie schläft schlecht, wird von Kopf- und Magenschmerzen geplagt.

Am nächsten Tag muss sie mit dem Auto zur Arbeit und fährt aufgrund ihres Schlafmangels beinahe in den Gegenverkehr. Nur in letzter Sekunde kann sie das Lenkrad noch herumreißen…

Im Zusammenhang mit der Magie ist folgendes essenziell: Hexen praktizieren keine Schwarze Magie - das ist Magie, die dazu dienen soll, anderen zu schaden, sie zu manipulieren oder sie auszunutzen. Durch das Wirken von Schwarzer Magie beleidigt man die Erde, die Götter und das Universum - und letztendlich auch sich selbst. Denn wenn Du Negativität aussendest, werden Deine ***„Energieantennen"*** so gepolt, dass auch Du Negativität zurückerhalten kannst.

Dennoch hatten Hexen schon immer unter dem Vorurteil zu leiden, sie praktizierten Schwarze Magie und seien allgemein auf der Seite des Bösen. So wurde ihnen vorgeworfen, mit dem Teufel, Dämonen und anderen unseligen Gestalten im Bunde zu stehen. Diese Vorurteile entstanden aus Ignoranz und Missverständnissen.

In Wirklichkeit folgen viele Hexen einem strengen Moralkodex und überlegen genau, ob sich ein Zauber innerhalb einer ethischen Grauzone bewegt. So wägen sie etwa ab: Wann schadet ein Zauber, der mir selbst nützt, anderen?

Tipp

Generell solltest Du immer gut über Deine Absichten nachdenken, bevor Du einen Zauber wirkst. Falls Du Dein Ziel auch über andere, ***„gewöhnliche"*** Wege erreichen kannst, solltest Du zunächst alle diese Möglichkeiten ausschöpfen, bevor Du es mit Zaubern versuchst.

Auch die folgenden Motive sind *keine guten Gründe* für das Wirken von Magie:

- Du willst Dich selbst darstellen und Deine Macht zeigen.
- Du willst den freien Willen einer anderen Person übergehen.
- Du willst eine Veränderung im Leben einer anderen Person bewirken, ohne dass diese davon weiß.

Wenn Du einer anderen Person mit Deiner Magie helfen willst, so fokussiere Deine Bemühungen nicht auf die jeweilige Person, sondern sende Deine Energie in den Kosmos bzw. zu den Göttern und bitte diese, sich dieser Person anzunehmen.

Im Laufe der Zeit wirst Du Deinen eigenen moralischen Kodex entwickeln - und zwar insofern, als dass Du Dir darüber klar wirst, wie weit Du in der Ausübung Deiner magischen Fähigkeiten gehen möchtest und ab wann bestimmte Grenzen für Dich überschritten werden.

Hexenfrauen - Wer kann eine Hexe sein?

Isabell hat sich bereits gründlich in die Literatur eingelesen. Sie weiß nun Bescheid über die Geschichte der Hexerei sowie über die verschiedenen magischen Strömungen. Bisher spricht sie die Wicca-Tradition am meisten an, da diese verschiedene Aspekte vereint. Isabell ist sich jedoch unsicher, wie sie vorgehen soll.

Soweit sie weiß, hat noch niemand in ihrer Familie Magie betrieben. Sie ist schon verschiedene alte Fotoalben und Aufzeichnungen durchgegangen, hat jedoch keinerlei Hinweise gefunden. Auch ihre Großmutter hat sie schon vorsichtig gefragt, diese hat jedoch abgewunken und gemeint ***„Solche Spinner gibt's in unserer Familie nicht."***

Isabell ist nun ziemlich verunsichert. Hat sie überhaupt das Zeug zur Hexe, wenn es in ihrer Familie keine Vorbilder gibt, diese das Ganze sogar als Spinnerei abtut? Oder hat sie einfach nur zu viel ***„Charmed"*** *oder* ***„Harry Potter"*** *geschaut?*

Früher wurde die Hexerei wie ein Handwerk von Generation zu Generation weitergegeben. Die entsprechenden Hexen (oder Hexer) galten als weise Frauen (oder Männer), die sich mit Kräutern auskannten und bei den verschiedensten Krankheiten helfen konnten.

Heutzutage kann im Prinzip jede Frau eine Hexe werden. Selbst wenn Du bereits einer Religion angehören solltest, kannst Du diese auch weiterhin ausüben - Dein Dasein als Hexe bildet keinen Widerspruch dazu.

Wenn Du eher eine Einzelgängerin bist, kannst Du Magie für Dich allein zuhause praktizieren. Allerdings kann es auf Dauer ein wenig mühsam und eintönig werden, wenn Du Dich nur an Büchern und Material im Internet orientieren kannst.

Folgende Tipps können Dir dabei helfen, am Thema dranzubleiben

- Lies Bücher verschiedener kundiger AutorInnen zum Thema Hexerei, um unterschiedliche Sichtweisen zum Thema zu erhalten.
- Erstelle Dir einen Plan und integriere Lektüre und Übungen in Deinen Alltag.
- Beginne mit einfachen Zaubern und Ritualen.
- Versuche, aus Deinen Misserfolgen zu lernen. Wenn es nicht mehr weitergeht, hole Dir auch Rat von außen.
- Halte Deine Erfahrungen in Deinem ***Buch der Schatten*** fest - mehr zum ***„Buch der Schatten"*** findest Du im Kapitel ***„Buch der Schatten"***.

Wenn Du Deine Magie nicht allein praktizieren möchtest, kannst Du Dich einem ***Hexenzirkel*** anschließen. Hier kannst Du Dich nicht nur regelmäßig mit Gleichgesinnten austauschen, sondern auch Feste mit anderen feiern. Der Hexenzirkel bietet einen sicheren Raum, in dem Du Dich ernst genommen und wertgeschätzt fühlen kannst. Und natürlich hast Du immer Mentoren an Deiner Seite, die Du in allen magischen Belangen um Rat bitten kannst. Eventuell läufst Du so weniger Gefahr, auf ***„Abwege"*** zu geraten oder an einem Punkt nicht weiterzukommen. Zudem können Zauber, die in der Gruppe gewirkt werden, um Einiges wirksamer sein.

Der Nachteil der Teilnahme an einem Hexenzirkel besteht natürlich darin, dass Du vielleicht mit den anderen Mitgliedern in manchen Punkten nicht einer Meinung bist. Du solltest Dich insofern fragen, wie kompromissbereit Du bist.

Kläre vorab auch folgende Fragen

- Wie häufig finden Treffen statt und wie lange dauern diese? Lassen sich diese gut in Deinen Alltag integrieren?
- Welches Vorwissen solltest Du mitbringen?
- Gibt es eine Anführerin oder ist die Gruppe eher demokratisch angelegt?
- Verlangt der Zirkel Verschwiegenheit von Dir?

Gehe im Vorfeld auch ganz unverbindlich zu einem Treffen des Hexenzirkels, falls dies möglich ist. So bekommst Du auf Anhieb mit, wie die Atmosphäre im Zirkel ist.

Wie kannst Du geeignete Hexenzirkel finden? Heutzutage kannst Du natürlich im Internet danach suchen. Du findest die entsprechenden Informationen zwar nicht auf den ersten Suchmaschinen-Seiten im Internet, jedoch lohnt sich hier ein genauerer Blick. Zudem gibt es zahlreiche Foren und Facebook-Gruppen, die Du durchstöbern kannst. Du kannst Dich beispielsweise auch bei Newslettern anmelden oder Hexen im Internet kontaktieren.

Natürlich kannst Du auch den Esoterik-Laden Deines Vertrauens aufsuchen und schauen, ob es dort ein Schwarzes Brett gibt. Auch Yoga-Zentren sind zum Beispiel einen Besuch wert. Alternativ kannst Du Dich natürlich einem Online-Zirkel anschließen.

Wenn Dir jedoch folgende Dinge an einem Hexenzirkel auffallen, sollten allerdings alle Alarmglocken bei Dir schrillen:

- Die Anführerin oder die Mitglieder geben Dir genau vor, wie Du bestimmte Dinge zu tun hast.
- Die Anführerin befiehlt den Mitgliedern, was sie zu tun haben, sie duldet hierbei keinen Widerspruch.
- Der Zirkel verlangt Geld für die reine Mitgliedschaft.
- Der Zirkel prahlt mit seiner Mitgliederzahl oder mit dem, was er schon erreicht hat.

Auch wenn Dir die Praktiken bzw. die Atmosphäre in einem Hexenzirkel nach Deinem Beitritt irgendwann nicht mehr gefallen sollten, habe keine Scheu, Dir das einzugestehen und nach einem geeigneteren Zirkel weiterzusuchen.

Bevor Du einem Zirkel beitrittst, wirst Du in aller Regel mit der Kontaktperson oder der Leiterin sprechen müssen. Erzähle ihr von Dir und schildere ihr, was Dir an diesem Zirkel besonders gefällt und warum Du ihm beitreten möchtest. Überlegt im Anschluss gemeinsam, wie Du Dich in die Gruppe einbringen kannst.

Vor der endgültigen Aufnahme in den Zirkel gibt es häufig noch ein wichtiges Ritual: Du musst Dich einem ***Initiationsritual*** unterziehen. Jeder Hexenzirkel hat dabei sein eigenes Ritual, bei dem meist die gesamte Gruppe anwesend ist. Hierbei wird zum Beispiel - wie im Fall von manchen Wicca-Zirkeln - geprüft, ob Du die Göttin des Zirkels anerkennst.

Beim Aufnahmeritual kann es sich aber auch um ein simples Ritual wie das Flechten oder Knoten von Wolle handeln - dabei musst Du einen Faden mitbringen, der an das bereits vorhandene Knäuel mit den Fäden der anderen Mitglieder gebunden wird. Im Laufe des Rituals nennst Du den Namen, mit dem Du innerhalb des Zirkels angesprochen werden willst, alsdann stellst Du Dich mit dem Namen bei den anderen Mitgliedern vor.

Manchmal gibt die Oberhexe auch einen Teil ihrer Kraft an Dich weiter. Möglicherweise wirst Du auch gebeten, die Praktiken des Zirkels nicht weiterzugeben.

Die Initiation ist nicht notwendigerweise ein einmaliges Ereignis. Manchmal dauert es Wochen oder gar Monate, bis Du wirklich bereit bist, selbst magisch tätig zu werden. Es ist auch möglich, dass die Initiation ohne ein offizielles Ritual abläuft, sondern einfach dadurch erfolgt, dass Dein Horizont sich mehr und mehr erweitert, Du plötzlich die Wunder der Natur besser wahrnimmst und Du Dich bspw. mehr in der Natur aufhältst.

Beachte bitte, dass Dein Weg zur Hexe auch mit Einsamkeit verbunden sein kann. Möglicherweise verstehen nicht alle Personen in Deinem Freundeskreis oder in der Familie Deine neuen Überzeugungen oder betrachten diese sogar mit Skepsis oder Sorge. Erkläre Deinen Vertrauten, dass Du keinesfalls einer Sekte beigetreten bist und dass Du Dich vielmehr aus freien Stücken eingehender mit der spirituellen und magischen Seite der Natur beschäftigen möchtest. Interessierte kannst Du auch dazu einladen, Deinen Ritualen beizuwohnen. Lass Deine Begleiter in diesem Fall aber nicht einfach teilnahmslos am Rand stehen und zusehen lassen, sondern schließe sie in Dein Ritual mit ein.

Bild 12 - © depositphotos - bigdan
Hexenzirkel - Treffen - Wähle Deinen Zirkel sorgfältig aus

Bild 13 - © depositphotos - Forever
Hexenzirkel - Treffen - Die Rituale sind je nach Zirkel verschieden

Hinweis

Bezüglich der im Folgenden gemachten Ausführungen darf die Leserin/ der Leser darauf vertrauen, dass die Autorin große Sorgfalt darauf verwendet hat, dass die Angaben in diesem Buch dem aktuellen Erkenntnisstand entsprechen.
Die Erkenntnisse sind jedoch niemals statisch, sondern unterliegen einem fortlaufenden Entwicklungsprozess. Alle Angaben können von daher immer nur dem aktuellen Wissensstand zum Zeitpunkt des Erscheinens des Buchs entsprechen. Deshalb kann die Autorin für die gemachten Angaben keinerlei Verantwortung und Gewähr übernehmen.

Die Durchführung der in diesem Buch empfohlenen Anwendungen und Rituale erfolgt auf eigene Gefahr des Benutzers. Die Autorin übernimmt keine Haftung für Personen-, Sach- und Vermögensschäden aufgrund der Ausführung der hier erteilten Ratschläge.

Isabell ist enttäuscht. Vor einigen Tagen hat sie ihr erstes Ritual ausgeführt, aber das gewünschte Ergebnis ist nicht eingetreten. Dabei hat sie sich doch so gut vorbereitet. Sie hat sich endlich dazu entschieden, der Wicca-Tradition zu folgen. Da es in ihrer Nähe keinen Wicca-Zirkel gibt, ist sie einem Online-Zirkel beigetreten.

Im Forum hat sie ein Ritual gefunden, das sie unbedingt nachmachen wollte. Sie hat sich die Anleitung ausgedruckt und alles genauso gemacht, wie es dort beschrieben war. Sie hat sogar - wie es dort angegeben war - ein paar ihrer Haarsträhnen abgeschnitten und verbrannt, obwohl es danach im Wohnzimmer furchtbar gestunken hat.

Entmutigt loggt sie sich während der Arbeit nochmal ins Forum ein und schildert ihr Problem. Nach ein paar Minuten trudeln die ersten Antworten ein. Ob sie sich vorher auch richtig geerdet habe? Dass man zuvor einen Schutzkreis ziehe, sei ja selbstverständlich. Und nach dem Ritual sei unbedingt den Göttern zu danken, schließlich seien das Wesen, die wertgeschätzt werden wollen.

Isabell ist ein wenig beschämt. Sie hat sich tatsächlich einfach nur auf den etwas staubigen Boden gesetzt, den Ritualspruch aufgesagt und die Gesten vollzogen, die zum Ritual gehören. Dabei hätte sie den Boden vorher reinigen und auch selbst ein Bad nehmen sollen!

Wenn sie daran zurückdenkt, fällt ihr auch auf, dass sie sich an diesem Tag gar nicht viel Zeit genommen hatte. Sie war von der Arbeit nach Hause gekommen und hatte sich direkt zum Ritual hingesetzt, ohne sich groß umzuziehen oder vorzubereiten. Danach hatte sie noch ihr Abendessen vor dem Fernseher verzehrt.

Je mehr sie darüber nachdenkt und die Antworten im Forum liest, desto mehr wird ihr einiges klar. Wahrscheinlich waren die Energien der Arbeit und all der Personen, die sie an jenem Tag getroffen hatte, noch an ihr gehaftet, und diese hatten das Ritual nachhaltig gestört. Beim nächsten Mal sollte sie sich vielleicht mehr Zeit lassen und das Ritual an einem Wochenende durchführen…

Zu Beginn Deiner magischen Tätigkeit möchtest Du vielleicht möglichst viel Wissen anhäufen. Daran ist nichts verkehrt - lies gerne alle Bücher, die Du auftreiben kannst; bald schon wirst Du auch hier die Spreu vom Weizen trennen können. Abonniere auch eine Publikation zum Thema Hexerei oder einen Newsletter. Wichtiger als die Aneignung von Wissen ist es jedoch, gewisse persönliche Erfahrungen zu sammeln und eine neue Sicht auf die Dinge zu entwickeln.

Versuche, die ***Natur*** bewusster wahrzunehmen - wobei Du das möglicherweise zu dem Zeitpunkt, da Du dieses Buch liest, ohnehin bereits tust. Sauge das Farbenspiel der Natur zu den verschiedenen Jahreszeiten in Dir auf. Wenn Du Tiere siehst, nähere Dich vorsichtig und studiere sie. Nimm den Wechsel der Jahreszeiten bewusst wahr, zelebriere diesen vielleicht sogar. Du kannst dabei auch bestimmte Musik anhören - speziell für Hexen komponierte Musik kann hilfreich sein. Bei dieser Art von Musik kommen häufig Instrumente wie Flöten oder Trommeln vor und auch Naturgeräusche sind mit einbezogen.

Versuche auch, die Nacht eingehender zu erfahren, indem Du länger wach bleibst und Spaziergänge in der Dunkelheit unternimmst. Oder stehe mit dem Sonnenaufgang auf und passe Dich so dem Rhythmus der Natur an.

Schreibe auf, was Du Dir davon versprichst, eine Hexe zu werden, und was Du der Natur umgekehrt zurückgeben kannst. Du kannst beispielsweise nach Deinen Möglichkeiten kleinere oder größere Geldbeträge an eine Umwelt-, eine Tierschutzorganisation oder an eine andere gemeinnützige Organisation bspw. für Kinder, Kranke oder andere Notleidende spenden. Nimm das Recyclen von Materialien ernst und beginne damit, weniger in Plastik verpackte Lebensmittel zu kaufen.

Es könnte auch interessant für Dich sein, dass Du möglicherweise bereits Magie betrieben hast, bevor Du Dich überhaupt entschieden hast, eine Hexe zu werden. Laut dem bekannten britischen Magier Aleister Crowley ist nämlich jedes zielgerichtete Handeln bereits magisches Handeln. Wann immer Du Dir in Gedanken ein Ziel setzt und Du Dir dieses jeden Tag ins Bewusstsein rufst, betreibst Du bereits Magie. Denn dieses ***Visualisieren*** hilft Dir, Dein Ziel schließlich zu manifestieren. Aber auch hier ist Vorsicht geboten - wenn Du, vermutlich unbewusst, sehr viel Negatives visualisierst, erhältst Du großteils auch nur negative Resultate (siehe hierzu das Gesetz der Anziehung im Kapitel ***„Was ist Magie?“***).

Auch kann es möglicherweise zwei bis drei Monate oder sogar noch länger dauern, bis Du erste Ergebnisse Deines magischen Wirkens feststellen kannst oder bis Du überhaupt dazu bereit bist, Rituale durchzuführen. Was Du also auf jeden Fall brauchst, ist eine gehörige Portion Geduld.

Innerer Prozess

Auf Deinem Weg zur Hexe wirst Du nicht nur viel Neues lernen, sondern auch in Dir selbst wird sich Einiges verändern. Energiearbeit zu wirken und sich mit den Gottheiten und dem Unbewussten zu verbinden, bedeutet, dass Du mit Deinen inneren Blockaden und Schatten konfrontiert wirst und infolgedessen dazu aufgefordert wirst, diese aufzulösen bzw. zu akzeptieren. Denn genauso wie im Kosmos aufgrund des Vorhandenseins des Weiblichen und des Männlichen Polarität herrscht, gibt es in Dir selbst Polaritäten und Dualitäten, sowie Licht und Schatten, die Du erkennen und letztendlich auch kontrollieren musst.

Möglicherweise ändern sich auch Deine Einstellung und Deine persönlichen Werte. Viele Hexen verlieren mit der Zeit das Interesse an der materiellen Welt mit ihren oberflächlichen Vergnügungen. Anderen verhilft ihre Tätigkeit als Hexe zu mehr Selbstvertrauen und zu einem stärkeren Selbstwertgefühl. In jedem Fall wird das oft vorherrschende Ego einer eingehenden Prüfung unterzogen und anschließend an seinen Platz verwiesen.

Meditation, Trance und Träume

Wie oben bereits erwähnt, ist es eine wichtige Voraussetzung für das Wirken von Zaubern, negative und störende Energien loszulassen, damit Du Deine Selbstwahrnehmung steigerst. Hierbei kann ***Meditation*** hilfreich sein. Um in einen tiefen meditativen Zustand hineinzufinden, können verschiedene Utensilien helfen:

- Du kannst einen Bund Kräuter oder Räucherstäbchen anzünden oder auf ein Räucherbrikett legen.
- Du kannst ätherische Öle mithilfe eines Zerstäubers versprühen oder Dir diese tropfenweise (eine größere Menge ätherisches Öl sollte mit einem Trägeröl aufgetragen werden) auf die Haut tupfen.
- Du kannst Edelsteine und Kristalle an Deiner Haut oder Kleidung tragen oder um Dich herum auslegen.

Zum Meditieren setzt oder legst Du Dich in eine Dir bequeme Stellung, alsdann schließt Du die Augen. Konzentriere Dich auf Deine Atmung und atme ruhig ein und aus. Du kannst Dir auch ein Wort oder einen Satz wiederholt - laut oder aber gedanklich - vorsagen, falls es Dir schwerfällt, Dich auf Deinen Atem zu konzentrieren. Wenn Du merkst, dass Deine Gedanken wandern, lenke sie wieder sanft zurück in die Gegenwart.

Während Du meditierst, kannst Du auch gleichzeitig üben, zu ***visualisieren***. Stelle Dir ganz genau vor, welches Ergebnis Du mit einem bestimmten Zauber erreichen willst bzw., was Du manifestieren möchtest. Bediene Dich dabei so vieler Sinne wie möglich, stelle Dir zum Beispiel auch vor, wie sich das, was Du manifestierst, anfühlt oder riecht.

Optimal ist es natürlich, wenn Du täglich meditierst. Aber auch, wenn Du zwei- bis dreimal pro Woche meditierst, wirst Du nach einiger Zeit gute Fortschritte machen, wenn Du das Üben konsistent durchziehst.

Meditation - Den Geist entleeren, um klar zu sehen

„Der Geist muss leer sein, um klar zu sehen."

(**Jiddu Krishnamurti, 1895-1986, indischer Philosoph und Autor**)

Wie oft kreisen die Gedanken, die uns einfach nicht zur Ruhe kommen lassen: Unsere Gedanken werden beherrscht von Stress, Ärger und Ängsten. Und wie sehr wir uns auch bemühen, es fällt uns meist schwer, den üppigen Ballast in unserem Gehirn abzuwerfen und abzuschalten. Meditation kann dabei helfen, den Geist zu leeren und loszulassen. Bei regelmäßigem Üben durchbrechen wir das Gedankenkarussell und können im Hier und Jetzt verweilen. Der Moment wird mit allen Sinnen intensiv wahrgenommen, der Alltag mit seinen Sorgen spielt keine Rolle mehr.

Man lernt durch Meditation, seine Gedanken zu steuern - anstatt umgekehrt von den Gedanken gesteuert zu werden. Der Geist gewinnt an Klarheit, Körper und Seele können wieder ins Gleichgewicht gebracht werden - der Mensch findet seine Mitte wieder. Ein Gefühl des inneren Friedens stellt sich ein, Körper und Seele finden Entspannung und Ruhe.

Der Meditierende kann sich von (schlechten) Gewohnheiten lösen, er erkennt die Motive seines Handelns und gewinnt so an Weisheit. Wer regelmäßig meditiert, wird bereits nach kurzer Zeit mehr Ruhe, Harmonie, Glück, Frieden und innere Kraft verspüren.

Meditation: (abgeleitet von den lateinischen Wörtern **„meditatio"** = ***„Ausrichtung zur Mitte"*** und von **„medius"** = ***„mittlerer"***) beschreibt eine in vielen Religionen und Kulturen geübte spirituelle Praxis. Hierbei soll sich der Geist durch Achtsamkeits- und Konzentrationsübungen beruhigen und sammeln.

Bild 14 - © depositphotos - flyently.gmail.com
Meditation vor dem Spiegel mit eine rosa Quarzkristall

Sexualmagier(-innen)

Sexualmagie existiert

Die angestrebten Bewusstseinszustände werden oft mit Begriffen wie ***Stille, Leere, Eins-Sein, im Hier und Jetzt sein*** und mit ***frei von Gedanken*** beschrieben.

In östlichen Kulturen gilt das Meditieren als eine grundlegende und zentrale bewusstseinserweiternde Übung. Meditation als spirituelle Praxis ist dabei immer auch in unterschiedliche religiöse, psychologische und ethische Lehrgebäude eingebunden. In westlichen Ländern dagegen wird die Meditation auch unabhängig von religiösen Aspekten oder spirituellen Zielen zur Unterstützung des allgemeinen Wohlbefindens, zum Stressabbau und im Rahmen der Psychotherapie praktiziert.

Es gibt eine fast unüberschaubare Vielfalt an Meditationstechniken, die sich nach ihrer jeweiligen religiösen Herkunft unterscheiden. Besonders im Hinduismus, Buddhismus und Taoismus besitzt die Meditation eine ähnliche Bedeutung wie das Gebet im Christentum. Neben den traditionellen Meditationstechniken wurden vor allem seit den 70er Jahren des 20. Jahrhunderts im Westen viele von fernöstlichen Lehren inspirierte und an westliche Bedürfnisse angepasste Meditationsformen angeboten.

Alle Meditationsarten haben das Ziel, einen vom Alltagsbewusstsein unterschiedenen Bewusstseinszustand herbeizuführen, in dem das gegenwärtige Erleben im Vordergrund steht, im Gegensatz zum gewohnten Denken fehlen Bewertungen sowie der Blick in die Vergangenheit (Erinnerung) oder in die Zukunft (Pläne, Ängste). Durch die Meditation soll ein Bewusstseinszustand erreicht werden, in dem gleichzeitig äußerste klare, hellwache Achtsamkeit und tiefste Entspannung möglich sind.

Generell unterscheidet man zwei Gruppen von Meditationsarten: Die passive (kontemplative) Meditation, die im stillen Sitzen praktiziert wird, und die aktive Meditation, bei der körperliche Bewegung, achtsames Handeln oder auch lautes Rezitieren zur Meditationspraxis gehören. Im allgemeinen Sprachgebrauch wird unter Meditation meist nur die passive Form verstanden, so wie sie bspw. in Abbildungen des meditierenden Buddhas symbolisiert wird.

Zu den aktiven Meditationstechniken gehören bspw. Tantra, Yoga und die Kampfkünste. Bei der Meditation richtest Du Deine Aufmerksamkeit ganz gezielt auf nur ein Objekt - im Unterschied zu Handlungen im Alltag, bei denen Du Dich auf wechselnde Reize konzentrierst. Als Objekt der Konzentration empfiehlt sich die Wahl eines Wortes, wie z. B. ***Om - So-Ham - Ham*** - diese Laute wirken gleichzeitig beruhigend. Ziel ist es, den Geist von allen anderen Gedanken zu entleeren - wenn Deine Gedanken abschweifen, kehre unverzüglich zu Deinem gewählten Laut zurück. Wichtig ist außerdem die Meditationshaltung, d. h. eine Körperstellung, in der Du über längere Zeit bewegungslos verharren kannst. Beginne die Meditationen mit einer Dauer von 20 Minuten und steigere Dich langsam auf eine Stunde.

Beispiel für eine Meditation in der Natur

Stell' Dir vor, Du stehst am Ufer eines Flusses. Sieh Dich um: Nimm die üppige Natur wahr, die grünen Blätter, die Rinde der Bäume, weiter Blüten, die im Sonnenlicht strahlen. Schau ins Wasser: Siehst Du die Libellen, die über der Wasseroberfläche fliegen? Alles um Dich herum ist Ausdruck göttlicher Energie, ein Geschenk von Mutter Erde, die uns alle trägt.

Nun folge dem Lauf des Flusses. Genieße es, über den weichen Waldboden zu schreiten. Bewege Dich mühelos.

Moos federt weich unter Deinen Schritten.

Nachdem Du eine Zeit lang dem Fluss gefolgt bist, taucht der Stamm eines riesigen Baumes auf. Die Weltesche ***Yggdrasil*** heißt Dich willkommen.

Du begrüßt diese und spürst ihre Kraft. Seit dem Anbeginn der Zeit verbindet diese Esche das Zentrum der Erde mit dem Universum. Betrachte ihren Stamm.

Wie sieht er aus? Während Du die Borke ansiehst, bemerkst Du eine Öffnung im Stamm. ***Yggdrasil*** lädt Dich ein, neues Wissen zu entdecken. Tritt mit Deinem Lichtkörper in den Stamm ein. Betrachte die Säfte der Weltenesche, Ströme von flüssigem, goldenem Sonnenlicht. Sie fließen von den Blättern bis zu den Wurzeln und wieder zurück, ein ewiger Kreislauf.

Ein Strom zieht Dich an und Du lässt Dich von ihm in die Höhe transportieren. Er bringt Dich zu einem Ast an der Spitze der Krone. Von hier aus kannst Du in die Weite blicken. Die Sterne sind zum Greifen nah. Unter Dir breitet sich die ganze Welt aus.

Hier hat Dein Hohes Selbst auf Dich gewartet. Es überreicht Dir ein Geschenk. Was ist es? Wie sieht es aus? Wie fühlt es sich an? Du bedankst Dich für das Geschenk und bewunderst noch einmal den Ausblick. Dann zieht der goldene Strom Dich wieder in den Stamm zurück. Auf der Erde verlässt Du den Stamm und Du findest Dich wieder in Deinem Körper.

Spüre nach, was in Deinem Körper vorgeht. Erlaube Dir, Dankbarkeit für Dein Geschenk zu fühlen.

Bild 15 - © depositphotos - selugallego
Meditation in der Natur an einem Fluss

Trance

Trance ist eine intensivere Form der Meditation. Es ist ein Zustand absoluter Fokussierung auf Prozesse im Inneren. Man verliert dabei vollkommen das Zeitgefühl und nimmt seine Umgebung nicht mehr wahr. Die erste Voraussetzung, um diesen Zustand zu erreichen, ist, dass Du Dich vollkommen entspannst. Danach kannst Du eine oder mehrere der folgenden Handlungen ausführen, welche alle eine Gemeinsamkeit haben: Sie sind repetitiv.

- Höre Dir Trommelmusik an.
- Sprich oder sing immer wieder dasselbe Wort, denselben Satz oder dasselbe Gebet.
- Tanze im Kreis und stampfe dazu rhythmisch mit Deinen Füßen.
- Starre auf eine reflektierende oder dunkle Oberfläche, etwa auf Wasser in einer Schüssel, auf einen schwarzen Spiegel oder eine Flamme.

Alternativ kannst Du Dir auch Bilder vorstellen, die Dir dabei helfen, in eine Trance zu gelangen, etwa einen Tunnel oder eine Höhle, in die Du immer tiefer hineingehst, oder einen See, in den Du hineintauchst.

Unser Gehirn steckt voller Wunder. So verarbeitet es bspw. Bilder, die Du im meditativen oder Trance-Zustand siehst, auf die gleiche Weise, wie wenn Du diese real vor Augen hast. Deswegen sind Selbst-Suggestionen in diesem Zustand sehr wirkungsvoll.

Für Hexen stellen auch ***Träume*** wichtige Portale zur Anderswelt dar. Zudem halten sie ein großes Potenzial für die persönliche Entwicklung bereit, da sie häufig aufzeigen, wohin der Weg der träumenden Person führt. Bisweilen treten sogar ***„Vorhersagen"*** für die Zukunft, welche im Traum erfolgen, im bewussten Leben genauso ein.

Du würdest gerne mehr in dieser Richtung erleben, kannst Dich aber häufig nicht an Deine Träume erinnern? Dann lege Dir ein Notizbuch neben Dein Bett, damit Du gleich am Morgen den Traum aufschreiben kannst, bevor er Dir wieder ***„entwischt"***. Alternativ kannst Du Dir Dein Handy mit Aufnahmefunktion bereitlegen: Wenn Du morgens aufwachst, dann bewege Dich zunächst nicht, sondern halte die Augen geschlossen und versuche, Dich an Deine Träume zu erinnern, die Du anschließend mit der Aufnahmefunktion Deines Handys festhalten kannst.

Du kannst Dir auch zu Beginn der Nacht vor dem Einschlafen bereits überlegen, was Dich beschäftigt, und diese Überlegungen dann mit den Ereignissen im Traum abgleichen. Sage vor dem Einschlafen wiederholt das Mantra auf: ***„Ich werde mich an meine Träume erinnern".***

Du kannst sogar die Götter darum bitten, Dir aussagekräftige Träume zu ***„schicken"***.

Wenn dies alles Dir nicht hilft, Dich an Deine Träume zu erinnern, dann stelle Dir einen Wecker und lasse Dich um die Zeit aufwecken, in der Du Dich am wahrscheinlichsten in der ***REM-Phase*** des Schlafs befindest.

Als **REM-Schlaf** (von englisch **rapid eye movement**, ***„rasche Augenbewegung"***), auch paradoxer Schlaf genannt, wird die Schlafphase bezeichnet, die unter anderem durch schnelle Augenbewegungen bei geschlossenen Lidern gekennzeichnet ist, begleitet von einem verringerten Tonus der Skelettmuskulatur (siehe auch Schlaflähmung). Während des REM-Schlafes steigen Blutdruck und Puls an, die in Non-REM-Schlaf-Phasen abgesenkt sind.

Natürlich solltest Du Deine Träume nicht nur aufzeichnen, sondern diese auch interpretieren. Versuche, eines oder mehrere im Vordergrund stehende Traummotive zu identifizieren. Ordne es in den Kontext Deiner Kultur ein - möglicherweise ist es ein ***archetypisches Traumbild***. Du kannst auch ein Traumlexikon konsultieren. Wenn Du eine Weile ***„Traumforschung"*** betreibst, kristallisieren sich möglicherweise auch Themen und Bilder heraus, die immer wieder vorkommen und welche Dir etwas Wichtiges über Dein Leben mitteilen.

Manche Hexen, besonders solche, die sich bereits länger mit Trance und Träumen beschäftigen, erleben ***Astralreisen***, d. h. sie können ihren Geist während eines Traums vom Körper trennen und diesen umherschweben lassen.

Auf all diese Themen - Traumarbeit, Präkognitionsträume, Astralreisen - kann im Rahmen dieses Buches jedoch nicht genauer eingegangen werden.

Archetypus: Plural **Archetypen**, bezeichnet die dem kollektiven Unbewussten zugehörig vermuteten Grundstrukturen menschlicher Vorstellungs- und Handlungsmuster.

Erdung

Das Thema ***Erdung*** kommt im weiteren Verlauf des Buchs bei der Durchführung von Ritualen noch ausführlicher zur Sprache, jedoch ist es auch wichtig, dass Du Dich auch ohne besonderen Anlass immer wieder erdest - um Deine Verbindung mit Mutter Erde zu stärken. Außerdem fokussierst und zentrierst Du Dich auf diese Weise energetisch.

Du kannst Dich sicher an Tage erinnern, an denen Du Dich körperlich und emotional erschöpft gefühlt hast, und alles wie durch einen Schleier erlebt hast oder auch, dass Du grundlos nervös oder reizbar warst. Eine mögliche Ursache dafür könnte gewesen sein, dass Du nicht geerdet warst.

Übung zur Erdung

Eine einfache Erdungstechnik ist die der Verwurzelung. Schließe dazu die Augen und nimm drei tiefe Atemzüge. Richte Deine Aufmerksamkeit auf das Ende Deiner Wirbelsäule und stelle Dir vor, wie daraus Wurzeln in die Erde wachsen. Folge den Wurzeln gedanklich in die Erde, stelle Dir vor, wie sie den Boden durchdringen und immer tiefer Richtung Erdkern wachsen. Dann stelle Dir vor, wie Du Deine Energie an Mutter Erde abgibst, so lange, bis Du ganz ruhig geworden bist und Dich der Erde ganz nahe fühlst.

Du kannst Dich auch mithilfe von Kristallen erden, indem Du diese in der Hand hältst und negative Energie an diese abgibst (mehr zu Kristallen findest Du im Kapitel ***„Kristalle“***). Auch Musik, insbesondere Trommelmusik, hat eine erdende Wirkung. Nicht zuletzt helfen auch Kräuter, Räucherwerk und ätherische Öle (siehe auch Kapitel ***„Grundausstattung einer Hexe“***) dabei, Dich wieder mehr mit der Natur in Einklang zu bringen.

Reinigung und Schutz

Überall, wo wir uns bewegen - am Arbeitsplatz, in öffentlichen Verkehrsmitteln, in Bars und Klubs - nehmen wir fremde, unerwünschte Energien auf. Diese Energien können unsere Stimmung und unser Denken beeinflussen und damit auch Einfluss auf unser Leben nehmen.

Im Folgenden findest Du einige Möglichkeiten, wie Du Dich selbst und Dein Zuhause energetisch reinigen kannst:

- Aufräumen und Putzen ist zwar oft nervig, aber bestens geeignet, um negative Energien zu beseitigen.
- Regelmäßiges Lüften ist eine weitere simple Methode, mit welcher negative Energien hinaus- und positive hineingelangen können (es sei denn, Du wohnst in einer Betonwüste und die Natur ist meilenweit entfernt).
- Räuchere Deine Umgebung mit Kräutern oder Harzen. Du kannst die Schale mit Räucherwerk dort abstellen, wo Du Dich gerade aufhältst, Du kannst diese aber auch durch den Raum tragen.
- Du kannst ein spirituelles Raumspray herstellen, indem Du ein ätherisches Öl mit Ethanol (ab 50 Vol.%) mischst und in einen Zerstäuber gibst. Sprühe damit Räume oder Dich selbst ein.
- Stelle kleine Schalen mit Salz auf und lass diese einen Tag lang stehen. Salz saugt störende Energien auf.
- Lass ein kleines Glöckchen oder ein Windspiel erklingen. Das Geräusch vertreibt negative Energien und sendet zugleich positive aus.
- Höre Musik, um negative Energie loszuwerden, die sich in Dir selbst angesammelt hat.
- Pflanzen halten die Luft sauber, ferner halten sie negative Energie von Dir fern.
- Knoblauch, an die Eingangstür gehängt oder in die Tasche gelegt, hält Geister fern.
- Trage Kristalle bei Dir oder lege sie aus (mehr dazu im Kapitel ***„Kristalle“***).

Bild 16 - © depositphotos - PantherMediaSeller
Schale mit Räucherwerk zur Reinigung

Rituale

Wir haben bereits öfter von ***Ritualen*** gesprochen. Aber was sind Rituale eigentlich genau? Ein **Ritual** (von **lat. Ritualis *„Den Ritus betreffend"***) ist eine nach vorgegebenen Regeln ablaufende, meist formelle und oft feierlich-festliche Handlung mit hohem Symbolgehalt. Sie wird häufig von bestimmten Wortformeln und festgelegten Gesten begleitet.

Rituale sind Handlungsabläufe, die Dir die Möglichkeit bieten, mit Kräften, Wesenheiten oder sogar Gottheiten in Kontakt zu treten. Sie unterstützen Dich dabei, ein bestimmtes Ziel zu erreichen, ferner können sie Dir dabei helfen, Dich oder eine andere Person zu heilen. Mittels Ritualen kannst Du bspw. die Zukunft vorhersehen oder einfach nur an den Zyklen der Natur teilhaben.

Im Wesentlichen gibt es drei Gründe, um Rituale zu begehen:

- Du kannst die Gottheiten verehren und um Hilfe bitten.
- Du kannst einen besonderen Anlass zelebrieren, etwa einen Hexensabbat.
- Du kannst im Rahmen eines Rituals Magie wirken, etwa zum Vorhersehen der Zukunft.

Du kannst Rituale in der Natur oder aber in einem Raum durchführen. Du solltest keine Angst haben, falls Dir ein Ritual zu Beginn noch unnatürlich vorkommt oder Du das Gefühl hast, es nicht perfekt zu beherrschen - mit jedem Mal, da Du dieses Ritual durchführst, wird dieses Gefühl schwinden.

Vorbereitung von Ritualen

Selbstreinigung

Zu Beginn eines jeden Rituals solltest Du Dich selbst - Deinen Körper und Deine Seele - ***reinigen***. Nimm ein Bad (z. B. mit Zusatz von Salz) und reibe Dich nach dem Baden mit einem hochwertigen pflanzlichen Öl ein. Für die Ausübung eines kleinen Rituals genügt es, wenn Du eine kurze Dusche nimmst oder Du Dir die Hände und das Gesicht wäschst.

Versuche währenddessen, Gedanken, die nicht mit dem Ritual und der Magie in Verbindung stehen, abzustellen. Ziehe danach besondere Kleidung an - am besten weite, bequeme Kleidung aus natürlichen Materialien (Seide, Leinen usw.). Manche Hexen führen ihre Rituale auch nackt durch.

Mache dann ***Atemübungen***. Du kannst Dich auch draußen in den Wind stellen und Dir vorstellen, wie er all Deine Alltagsgedanken und Sorgen mit sich fortträgt. Eine Möglichkeit ist es auch, ***Musik zu spielen***, um Dich auf das Ritual einzustimmen: Hypnotisierende Trommeln oder Gongs bieten sich hier an, aber auch sanfte Zupfinstrumente wie die Gitarre oder die Harfe.

Im Grunde genommen beginnt das Ritual bereits dann, sobald Du darüber nachdenkst, es auszuführen. Deshalb ist es auch so wichtig, Deine Gedanken ***„rein“*** zu halten.

Atemübungen zur Vorbereitung von Ritualen

Atemübung für eine gute Bauchatmung - So findest Du Ruhe und Entspannung

Setze Dich bequem auf einen Stuhl. Hebe die Arme während des Einatmens für fünf bis zehn Sekunden seitlich nach oben und führe die Arme mit sanftem Ausatmen wieder nach unten.

Lege die Arme am Ende der Bewegung auf den Bauch und warte auf den nächsten Atemzug.

Drehdehnlage

Diese Übung ermöglicht es Dir, die Atmung bewusst zu lenken, zudem ist tieferes Atmen möglich.

Lege Dich mit locker aufgestellten Beinen auf den Rücken und lass die Beine so weit wie möglich zur rechten Seite kippen.

Platziere nun Deinen linken Arm ausgestreckt neben dem Kopf auf die rechte Seite. Dehne mit jeder Einatmung den Arm immer weiter nach oben und nach rechts in Verlängerung des Körpers.

Beim Ausatmen wird die Körperspannung etwas gelöst.

Wiederhole die Übung fünfmal und wechsle anschließend die Seite.

Weitere Übung für die Bauchatmung

Bei dieser Übung kann die Luft optimal in die Lunge fließen.

Zum Üben lege Dich auf den Rücken und stelle Deine Beine leicht gewinkelt an. Falls es für Dich bequemer ist, kannst Du Deinen Kopf auf ein kleines Kissen betten.

Lege nun Deine Hände locker auf den Bauch, atme langsam und tief durch die Nase ein, bis sich der Bauch unter Deinen Händen leicht anhebt. Versuche, die Atmung gezielt in den Bauch zu lenken. Deine Hände dienen hierbei dem Nachspüren des sich hebenden Bauchs.

Wiederhole die Übung circa fünf Mal.

Baderitual

Mit einem rituellen Bad harmonisierst Du Deine Energien und löst Blockaden sowie Altlasten aus Deinem Körper. Wir alle machen in unserem Leben schmerzhafte Erfahrungen. Doch wir müssen nicht in diesen festhängen. In jedem Moment haben wir die Wahl, diese Muster zu wiederholen oder neu zu beginnen. In jedem Augenblick können wir von der Dunkelheit in das Licht der Liebe treten.

Die Kombination von Wasser mit Salz und ätherischem Öl verwöhnt Deine Sinne und befreit Dich von überflüssigen Blockaden und Altlasten. Ein Bad mit Meersalz ist ein ebenso beglückendes wie befreiendes Ritual.

Bereite zunächst Dein Badezimmer vor: Kerzenlicht verbreitet warmes Licht und eine wohlige Stimmung. Besonders hübsch schaut eine Vielzahl von Teelichtern aus, die Du im gesamten Raum verteilst.

Zubereitung des Badesalzes

- 1 Tasse Meersalz
- 1 Esslöffel Jojobaöl, Kokosöl oder ein anderes Trägeröl Deiner Wahl
- 15 Tropfen naturreines ätherisches Öl

Gib das Salz in eine Schüssel und vermische es mit dem Trägeröl und dem ätherischen Öl. Du kannst auch größere Mengen Badesalz zubereiten und in einem luftdichten Gefäß aufbewahren. Die oben genannte Menge reicht für ein üppiges Vollbad.

Die ätherischen Öle kannst Du selbst auswählen. Beim Kauf von ätherischen Ölen solltest Du möglichst 100 % naturreine Öle aus biologischem Anbau wählen. So gehst Du sicher, dass die Öle naturbelassen und nicht verändert sind und nur das Öl der angegebenen Stammpflanze enthalten ist. Wichtig ist, dass es sich um natürliche ätherische Öle handelt, keinesfalls solltest Du synthetische Öle verwenden.

So badest Du genussvoll

Zunächst füllst Du die Badewanne mit Wasser. Anschließend vermischst Du das Badesalz mit dem Wasser und rührst so lange, bis sich die Salzkristalle aufgelöst haben. Wenn Du das Badesalz zu früh ins Wasser gibst, verflüchtigen sich die Aromen der ätherischen Öle.

Steige mit der Absicht ins Badewasser, dass dieses Deinen Körper und Deine Aura von überflüssigen Energien und Blockaden befreit.

Sprich laut: ***„Dieses Wasser reinigt meinen Körper, meinen Geist und meine Seele."***

Besonders entspannend ist das Bad, wenn Du dabei meditative Musik hörst, beispielsweise, wenn Du den Vibrationen von tibetischen Klangschalen lauschst. Du kannst auch Deine Lieblingskristalle um die Wanne herum positionieren oder diese in die Badewanne nehmen. Die Kristalle helfen dabei, unerwünschte Energien zu absorbieren. Nach dem Bad empfiehlt es sich, die Kristalle gesondert unter fließendem Wasser zu reinigen.

Reinigung des Ortes

Als Nächstes solltest Du den Ort reinigen, an dem Du das Ritual durchführst, es sei denn, dieser Ort befindet sich in der Natur - diese Orte bedürfen in der Regel keiner Reinigung. In diesem Fall genügt es, wenn Du einmal mit Deinem Besen kurz über den Boden fegst. Du kannst aber auch Aromen versprühen oder Räucherbündel schwenken.

Wie Du Dir vorstellen kannst, sammelt sich jedoch in Wohnräumen viel Energie von den Bewohnern - Scott Cunningham nennt diese Energie in seinem Werk ***„astralen Müll" („Wicca: Einführung in die Spiritualität und Praxis der neuen Hexenkunst"***. 2020, übersetzt aus dem Englischen).

Falls Du allein in einem Haus oder einer Wohnung wohnst, schließe die Tür ab, stecke das Telefon aus, schalte Dein Handy aus und ziehe die Vorhänge zu. Auf keinen Fall sollte Dein Ritual durch irgendetwas unterbrochen oder gestört werden. Gib eventuellen Mitbewohnern oder Familienmitgliedern vorher Bescheid, dass Du vorübergehend nicht gestört werden möchtest. Wenn Du kleine Kinder hast, die Deine ständige Aufmerksamkeit fordern, führe das Ritual eventuell in der Nacht durch.

Bevor Du das Ritual durchführst, reinige zunächst den Boden mit einem Staubsauger oder einem Wischmop. (Idealerweise verwendest Du hierbei keine chemischen Reinigungsmittel).

Scott Cunningham (1956-1993): Autor von mehreren populären Büchern über Wicca und verschiedene andere alternativ religiöse Themen. Heute steht der Name Cunningham gleichbedeutend für natürliche Zauberei und magische Gemeinschaft. Cunningham gilt als einer der einflussreichsten und revolutionären Autoren im Bereich der natürlichen Zauberei.

Kehre danach mit Deinem Hexenbesen symbolisch über den Boden. Die Borsten müssen hierbei nicht einmal den Boden berühren, da es sich um eine spirituelle Reinigung handelt. Wichtig ist jedoch, dass Du energisch und keineswegs zögerlich kehrst. Du kannst Dir dabei vorstellen, wie der Besen Funken sprüht, welche die Negativität in Asche verwandeln. Alternativ kannst Du auch Salz verstreuen oder Salzwasser versprengen, dem Du Kräuter wie Rosmarin oder Thymian zugeben kannst. Was ebenso gut funktioniert, ist das Ausräuchern mit Kräutern (Weihrauch, Myrrhe, Thymian, Salbei oder Rosmarin). Auch Musizieren oder Singen reinigt Deinen Ritualplatz von störenden Energien.

Erschaffen des Schutzkreises

Nun solltest Du den ***Altar aufstellen*** und den ***Schutzkreis erschaffen*** (siehe hierzu auch das Kapitel ***„Die Elemente und der Schutzkreis“***). Den Altar kannst Du in die Mitte des Schutzkreises stellen oder in eine der vier Himmelsrichtungen. Lege dann eine Schnur auf den Boden, welche den Kreis versinnbildlicht. Stelle Dich vor den Altar oder in die Mitte des Kreises. Drehe Dich Richtung Osten oder alternativ in eine andere Himmelsrichtung, die Dir lieber ist.

Konzentriere Dich nun und baue psychische Energie in Dir auf. Sobald Du Dich von Deiner Energie erfüllt fühlst, ziehe eine Hand mit der Fläche nach unten auf die Höhe Deiner Taille. Deute dann mit Deinen Fingern auf die Begrenzung des Kreises. (Du kannst auch Deinen Dolch oder Deinen Zauberstab in die Hand nehmen und damit den Kreis ziehen.) Fühle und visualisiere die Energie, die aus Deinen Fingerspitzen fließt.

Gehe anschließend im Uhrzeigersinn im Kreis umher. Stelle Dir vor, dass sich die Energie zu einem schimmernden Band verdichtet, das sich auf die Schnur legt und die Begrenzung Deines Kreises markiert. Weite das Band dann auf die dreidimensionale Ebene aus, bis Du von unten sowie von oben von einer Energiekuppel umschlossen bist. Die Kuppel sollte sich lebendig anfühlen, sie sollte vor Energie glühen. Versuche zu spüren, wie verschieden sich die Atmosphäre außerhalb und innerhalb der Kuppel anfühlt.

Keine Sorge, es ist nicht schlimm, wenn Du Deine Hand durch die Kuppel steckst oder Du aus dieser hinaustrittst. Es kann jedoch passieren, dass sich die Energiesphäre infolgedessen auflöst - dann musst Du diese einfach noch einmal neu erschaffen.

Sobald die Kuppel um Dich herum vollständig und fest erscheint, brich den Energiefluss von Deinen Fingern ab, indem Du Deine Hand nach unten sinken lässt und sie zu Deinem Körper zurückziehst. Möglicherweise musst Du Deine Hand schütteln, um den Energiestrahl vollständig zu unterbrechen.

Danach kannst Du die sogenannten ***Herrscher bzw. Wächter der vier Himmelsrichtungen*** des Kreises heraufbeschwören. Diese fungieren sozusagen als Wachtürme des Kreises.

Die Himmelsrichtungen werden jeweils mit einem Element assoziiert

- Osten - Luft
- Süden - Feuer
- Westen - Wasser
- Norden - Erde

Lade die Wächter der Himmelsrichtungen ein, Deinem Ritual beizuwohnen, und spreche diese Einladung aus vollem Herzen aus. Du kannst etwa sagen: ***„Ich fordere den Wächter des Südens, Element des Feuers, auf, über diesen heiligen Raum zu wachen."*** Du wirst spüren, sobald die Wächter präsent sind.

Möchtest Du den Schutzkreis während eines Rituals verlassen, so schaffe eine energetische Öffnung. Lege dazu Deine Handflächen aneinander und schiebe sie langsam in die Wand der Kuppel hinein. Bewege Deine Hände anschließend vorsichtig nach außen, sodass Du die Wand wie einen Vorhang teilst. Im Rest des Kreises bzw. der Kuppel fließt die Energie währenddessen ungehindert weiter. Aber Vorsicht, vergiss nicht, die Öffnung wieder zu schließen, sobald Du wieder in den Kreis zurückgekehrt bist.

Hast Du noch wenig Erfahrung mit Energiearbeit und Visualisieren, kannst Du den Schutzkreis auch physisch errichten. Du kannst Steine, Muscheln, Glasperlen, eine Schnur oder Ähnliches im Kreis auslegen. Manche Hexen platzieren auch je eine Kerze in jeder Himmelsrichtung. Wende Dich dann Richtung Norden und schreite die Begrenzung des Kreises langsam im Uhrzeigersinn ab. Dabei kannst Du die Namen von Göttinnen und Göttern skandieren, oder Dich auf die Energie konzentrieren, die Dein Körper hervorbringt.

Erhöhe nun langsam Dein Tempo; die Energie fließt infolgedessen von Deinem Körper ab und wird neben Dir im Kreis mittransportiert. Fühle, wie die Energie in Dir aufsteigt und dann wieder aus Dir herausfließt. Vielleicht fühlt es sich irgendwann so an, als würdest Du gleichsam durch Wasser waten. Fühle, wie sich langsam eine Energiekuppel um Dich herum formt. Jetzt kannst Du mit der Heraufbeschwörung der Wächter und Deinem Ritual beginnen.

Falls Du Dein Ritual in der Natur durchführst, genügt es, wenn Du einen Kreis abschreitest und in allen vier Himmelsrichtungen ein Räucherstäbchen in den Boden steckst. Du kannst den Schutzkreis mit einem Finger, Deinem Zauberstab oder Deinem Dolch in den Boden zeichnen oder seine Begrenzungen mit Kräutern, Mehl, Sand oder Salz markieren. Alternativ kannst Du an den Begrenzungen des Kreises etwa Blumen, Tannenzapfen, Steine oder Kristalle platzieren.

Beschwörung

Nun kommen wir zum Hauptteil des Rituals, der Beschwörung. Beschwören kannst Du nicht nur mithilfe von Gebeten, sondern auch mithilfe von Musik, Tanz, Gesten und Gesang. Wenn Du Deine eigenen Beschwörungen verfassen möchtest, ist es hilfreich, wenn sich diese reimen. Zum einen kannst Du Dir die Beschwörungen auf diese Weise besser merken. Andererseits aktivieren Reime unser Unterbewusstsein und sorgen so dafür, dass wir auf das Ritual eingestimmt werden.

Außerdem helfen Dir die Götter beim Wirken Deiner Zauber. Es ist sehr wichtig, dass Du mit ganzem Herzen bei der Beschwörung dabei bist. Die Göttinnen und Götter spüren, wenn Du das Ritual halbherzig oder unaufrichtig ausführst, und werden sich dann auch nicht angesprochen fühlen. Wenn Du die Götter anrufst, rufst Du damit auch den Teil in Dir selbst an, der göttlich ist.

Anhebung der Energie

Nun ist es so weit, Du wirst tatsächlich Magie wirken - Inspiration für mögliche Zauber findest Du im Kapitel „Zauber". Stelle sicher, dass Du das, was Du erwirken möchtest, wirklich benötigst, dass Du emotional bei der Sache bist und dass Du Deinen Zauber gut ausführen kannst.

Du kannst die Energie im Schutzkreis auf unterschiedliche Weise anheben: Du kannst bspw. eine Trommel schlagen, singen, tanzen, stampfen oder klatschen. Wichtig ist nur, dass die Aktivität, die Du ausführst, langsam an Intensität zunimmt, sodass Du in eine leichte Trance gerätst. Möglicherweise nimmst Du irgendwann Deine Umgebung oder Deinen Körper nicht mehr wahr, oder Du vergisst die Zeit völlig. Das ist ganz normal und ein gutes Zeichen dafür, dass Du ganz präsent bist. Sobald Du spürst, dass die Intensität nicht mehr gesteigert werden kann, kannst Du die Energie nutzen, um Magie zu wirken.

Wirken des Zaubers

Eine der wirkungsvollsten magischen Techniken ist die ***Visualisierung***. Stelle Dir dazu einfach das erwünschte Ergebnis Deines Zaubers vor - stelle Dir vor, wie die Wirklichkeit aussehen würde, wenn Deine Magie bereits gewirkt hätte. Am wirkmächtigsten sind einfache Bilder, und auch solche, die Dein Unterbewusstsein ansprechen.

Versuche auch, mehrere Deiner Sinne anzusprechen. Kannst Du das Ergebnis Deines Zaubers mit der Hand anfassen? Hat es einen bestimmten Geruch oder sogar einen Geschmack?

Alternativ kannst Du auch ein ***Symbol*** verwenden. Sende hierzu die Energie, sobald sie ihren höchsten Punkt erreicht hat, einfach in einen magischen Gegenstand, etwa einen Stein, einen Talisman oder eine Kerze.

Der Schutzkreis sorgt dafür, dass sämtliche Energien, die bei Deinem Zauber freigesetzt werden, in Deiner Sphäre bleiben. Bitte die Göttinnen und Götter, Dir beizustehen; bitte sie ferner, dass sie Deinen Wunsch gewähren oder Deine Kräfte verstärken. Zum Dank solltest Du danach eine Kerze für die Götter bzw. Göttinnen entzünden oder ihnen Speisen und Getränke opfern.

Sobald Du Dein Ritual abgeschlossen hast, halte ein paar Momente inne. Wahrscheinlich bist Du ohnehin etwas müde, da Du soeben große Mengen an spiritueller Energie freigesetzt hast. Lass' Deinen Blick über den Altar schweifen und denke über Deinen Platz im Universum nach. Versuche alsdann, Deinen gedanklichen Fokus langsam vom Ritual wegzubewegen.

Erdung

Wahrscheinlich spürst Du nun noch immer Restenergie in Dir. Aus diesem Grund ist es jetzt wichtig für Dich, dass Du Dich erdest. Üblicherweise nimmst Du hierzu ein kleines Mahl ein. Da Essen ein Produkt der Erde ist, führt es unser Bewusstsein sanft in die physische Welt zurück.

Essen ist jedoch zugleich eine Manifestation der göttlichen Energie. Warum sonst nehmen beispielsweise Katholiken während der sogenannten Kommunion in der Messe die Hostie, den Leib Jesu, ein?

Du kannst zu Dir nehmen, was Dir gerade schmeckt, üblicherweise jedoch keine schweren Gerichte oder Fleischspeisen. Oft werden Kekse, Brot oder Käse gegessen, ergänzt durch Milch, Saft oder Wein. Es gibt sogar halbmondförmige Kuchen, die speziell zum Verzehr nach einem Ritual konzipiert wurden. Vor dem Essen werden die Lebensmittel üblicherweise gesegnet.

Auch die Götter solltest Du nicht zu kurz kommen lassen, weshalb Du ein paar Kuchenkrümel verstreuen und ein paar Tropfen Wein auf den Boden oder in eine Trinkschale gießen kannst. Alternativ kannst Du auch ein wenig Salz schmecken und es auf dem Boden verstreuen.

Wenn Du Dich mit Energiearbeit sehr wohl fühlst, kannst Du auch Dein ***Pentakel***, einen Stein oder einen anderen Gegenstand hochhalten und Dir vorstellen, wie dieses Objekt die überschüssige Energie aufnimmt.

Dank an die Götter

Nun solltest Du den Göttern noch einmal explizit dafür danken, dass sie Deinem Ritual beigewohnt haben. Auch hier kannst Du wieder singen, musizieren oder bestimmte Gesten ausführen - ganz, wie Du möchtest. Bitte die Götter auch darum, Deinem nächsten Ritual ebenfalls beizuwohnen.

Auflösen des Schutzkreises

Solltest Du den Schutzkreis mithilfe von Energiearbeit errichtet haben, so danke zunächst den Wächtern der verschiedenen Himmelsrichtungen für ihre Anwesenheit. Stelle Dich anschließend vor den Altar, strecke Deine Hand aus und stelle Dir vor, wie Du die Energie der Kuppel über die Handfläche wieder in Dir aufnimmst. (Du kannst den Energiekreis bspw. auch mit einem magischen Messer durchtrennen, worauf die Energie in Dein Messer fließen wird.)

Wenn Du den Schutzkreis mithilfe Deines physischen Körpers erschaffen hast, so bewege Dich jetzt gegen den Uhrzeigersinn im Kreis und nimm dabei sämtliche Energie wieder auf. Hast Du zuvor Objekte am Rand des Kreises ausgelegt, so sammle diese nun wieder ein. Kehre Kräuter, Salz oder Pulver auf, also alles, was Du ausgestreut hast.

Räume danach die Ritualwerkzeuge auf. Asche von Räucherstäbchen sowie die Gaben, die Du den Göttern dargebracht hast, sollten vergraben werden. Den Altar sowie die Werkzeuge darauf musst Du nicht sofort wegräumen, der Altar kann auch den Rest des Tages oder über Nacht stehen bleiben. Zum Schluss werden traditionell die Kerzen weggeräumt - zunächst die kleineren Kerzen, dann die Kerzen der Göttin und des Gottes.

Herzlichen Glückwunsch, Du hast soeben Dein erstes Ritual durchgeführt!

Achte grundsätzlich immer darauf, dass Du Dir bei der Durchführung von Ritualen ausreichend Zeit lässt und auch, dass Du danach keine wichtigen Termine einplanst. Rituale können außerdem je nach Tageszeit unterschiedlich stark wirken: Der Morgen repräsentiert Neues, der Mittag Gleichgewicht, der Nachmittag Entspannung und der Abend Klarheit.

In der folgenden Zeit kannst Du im Außen beobachten, inwiefern und wie Dein Zauber gewirkt hat. Beachte jedoch, dass nicht immer das eintritt, was Du Dir gewünscht hast. Manchmal dauert es einige Zeit, bis ein Zauber zu wirken beginnt bzw. die Wirkung zieht sich über einen längeren Zeitraum hin.

Manchmal zeigt sich eine Wirkung auch nicht ganz so, wie es erwünscht wurde. Und bisweilen scheint ein Zauber überhaupt keine Wirkung zu zeigen. Das muss nicht unbedingt daran liegen, dass Du nicht mit voller Überzeugung und Energie beim Ritual dabei warst. Wir alle befinden uns in einem riesigen Ozean, einem Netz aus verschiedensten Energien - da geht unsere eigene Energie manchmal unter bzw. wird zu sehr von den umliegenden Energien beeinflusst. Wirke den Zauber einfach noch einmal, warte auf eine günstigere Zeit oder wirke den Zauber evtl. zusammen mit anderen, um mehr Energie zur Verfügung zu haben.

Buch der Schatten

Isabell ist zufrieden - das letzte Ritual ist richtig gut gelaufen. Da sie sich für griechische Mythologie interessiert, hat sie versucht, Plutos, den Gott des Reichtums und der Fülle, anzurufen. Nur eine Woche später hatte ihre Vorgesetzte ihre Bitte um eine Gehaltserhöhung, die sie bereits vor ein paar Monaten gestellt hatte, genehmigt.

Dieses Ritual und dessen genauen Ablauf will sie nun unbedingt notieren. Sie hat am PC bereits eine Datei angelegt, in der sie all ihr Wissen rund um die Hexerei speichert. In diese könnte sie auch dieses Ritual mit aufnehmen. Doch irgendetwas fühlt sich nicht richtig an. Dieses Ritual war etwas Lebendiges, alle ihre Sinne waren daran beteiligt. Es verlangt nach echtem Papier, das man anfassen kann.

Kurzerhand geht Isabell in den nächsten Esoterikladen, ohne genau zu wissen, wonach sie sucht. Sie kommt an einer Auswahl von Kerzen, die in einem Glasschrank ausgestellt sind, vorbei, an einem Regal mit Kräutersäckchen und Zauberstäben aus Holz und Glas, die in einer Vitrine auf kleinen Samtkissen liegen.

Ganz hinten im Laden findet sie endlich, was ihr Herz höherschlagen lässt. Auf einem antiken Schreibpult, neben einem Regal mit alten Tintenfässern, liegt ein ledergebundenes Büchlein. Auf der Vorderseite ist der Mond in seinen verschiedenen Phasen - Vollmond, zunehmende und abnehmende Monde - eingeprägt.

Isabell schlägt das Büchlein auf. Das Papier ist dick, die Schmutzseiten sind aus handgeschöpftem Papier mit eingesetzten Blumensamen. Genau das Richtige, um mein Ritual aufzuschreiben, denkt sich Isabell.

Das ***Buch der Schatten*** ist ein Arbeitsbuch, das Beschwörungen, Anleitungen für Rituale, Zaubersprüche, Runen, Regeln für die Magie und vieles mehr enthält. Ursprünglich hießen diese Bücher ***Grimoires*** und dienten als Spruch- und Gesangbücher für die Beschwörung von Geistern. Früher wurden solche Grimoires auch in Geheimschrift abgefasst (etwa in Thebanisch oder Henochisch).

Auch beim modernen Buch der Schatten handelt es sich nicht um ein bestimmtes Buch - vielmehr verfasst jede Hexe ihr eigenes ***Buch der Schatten*** und gibt dieses manchmal auch an Junghexen weiter. Ursprünglich wurden diese Bücher natürlich von Hand verfasst, mittlerweile werden sie aber auch immer häufiger auf dem Computer getippt.

Der mysteriöse Name ***Grimoire*** flößt Dir möglicherweise Respekt ein, Du kannst jedoch auch Dein eigenes Buch der Schatten verfassen. Es handelt sich lediglich um ein Notizbuch, in dem Du Rituale, Zaubersprüche und Beschwörungen festhalten kannst. Und das Buch ist noch viel mehr: Da dieses Buch Deine Entwicklung als Hexe dokumentieren soll, kannst Du auch persönliche Eindrücke, Träume, Ideen und mehr aufnehmen.

Besorge Dir also einfach im nächsten Schreibwarenladen oder online ein schönes Notizbuch und schon kannst Du loslegen. Du kannst auch ein Ringbuch verwenden, in dem Du nach Belieben Seiten hinzufügen, entfernen oder umsortieren kannst.

Dennoch solltest Du Deine Rituale und Zaubersprüche nicht einfach ablesen, sondern möglichst auswendig können. Erst dann können sie ihre volle Wirkung entfalten.

Du kannst Dein ***Buch der Schatten*** geheim halten oder mit anderen teilen, ganz wie es Dir beliebt.

Bild 17 - © depositphotos - de-kay
Buch der Schatten

Heidnische Feiertage

Heidnische Feiertage beziehen sich auf Ereignisse in der Natur. - Hexen orientierten sich von jeher mehr am ***Sonnenstand*** als am traditionellen Gregorianischen Kalender. An diesen Feiertagen ist die Energie auf der Erde besonders hoch, weshalb Hexen die Tage gerne für besondere magische Rituale nutzen.

Die Feste richten sich nach dem Jahreskreis und sind traditionell den alten keltischen Bräuchen entlehnt, stimmen aber nicht exakt mit diesen überein. Es gibt (insbesondere in der der Wicca-Tradition) acht Feierlichkeiten, die sich auf den Zyklus der Natur, das Werden und Vergehen, beziehen.

Dazu zählen die Sonnenwenden und die Tag-und-Nacht-Gleichen sowie vier weitere Feste, die zeitlich zwischen diesen gelegen sind. Im Jahreskreis eingezeichnet und indem die jeweils gegenüberliegenden Punkte durch Linien verbunden sind, ergibt sich das Bild eines Rades mit acht Achsen oder ein Stern mit acht Linien.

Die ***Acht*** ist in der Mythologie die vollkommene höhere Ordnung, die harmonische Ausgleichung aller Kräfte. Erst der Einklang und die Ganzheit ermöglichen eine spirituelle Transformation in die nächst höhere Daseinsform. Auch im Crowley-Tarot bezeichnet die achte Karte den wiederkehrenden Kreislauf, die Gerechtigkeit, die Balance und den Ausgleich aller Kräfte.

Du siehst erneut: In den Bräuchen und dem Offensichtlichen - hier entsprechend im Jahreskreis mit seinen Festen und im Bild des Rades mit acht Achsen - liegt stets eine tiefere Wahrheit verborgen. Diese offenbart Weiteres, enthüllt initiatorische Geheimnisse und zeigt die Entwicklung zur Vollkommenheit und zur umfassenden Weisheit auf. Wenn Du bereit bist, hinter das Offensichtliche zu blicken, dann enthüllen sich Dir nach und nach immer mehr Mysterien.

Je tiefer Du in diese eindringst, umso größer ist der Zauber, der Dich erwartet und umso tiefer wird Dein Erleben, einhergehend mit einer Vervollständigung des Seins, der Einswerdung mit sich selbst und dem Leben, der Schöpfung. So erlernst Du die Hexenkunst, die Kunst der hohen Magie und entwickelst die Fähigkeiten, diese anzuwenden.

Unterschieden wird zwischen den ***Großen Sabbaten*** (Licht- oder Feuerfeste, Mondfeste) und den ***Kleinen Sabbaten*** (Sonnenfeste) als markante Ereignisse im Jahreskreis.

Zu den Großen Sabbaten zählen ***Imbolc, Beltane, Lughnasadh*** und ***Samhain***, die Kleinen Sabbate sind ***Jul, Ostara, Litha*** und ***Mabon***.

Der ***Wicca-Jahreskreis*** beschreibt den Wechsel der Jahreszeiten bzw. des Jahreslaufes innerhalb des Jahres und wird von einem achtspeichigen Wagenrad symbolisiert. Dieses System der acht Feste (vier keltische Hoch- oder Feuerfeste und vier Sonnenfeste) ist eine neue Kombination verschiedener älterer Traditionen durch die Wicca-Religion. In Wicca oder in davon beeinflussten weiteren neopaganen Religionen, werden natürliche Prozesse als zyklisch angesehen. Die acht Haupt-Feiertage, genannt ***Sabbats*** (oder Sabbate), richten sich nach dem Jahreslauf (die teils nach festen Daten, teils nach natürlichen oder astrologischen Ereignissen, berechnet werden).

Jul - Wintersonnenwende (ca. 20.12.-1.1.)

Jul dauert 12 Tage und ist auch als ***Midwinte***r bzw. bei den alten Römern als ***Saturnalia*** bekannt. Je nach Datum der Wintersonnenwende kann die Wintersonnenwende zwischen dem 20. und dem 23. Dezember beginnen. Die Tage während des Julfestes sind die dunkelsten im ganzen Jahr, danach werden die Tage wieder länger. Deshalb stellen sie für Hexen die Zeit des Neubeginns und der Hoffnung dar. Auch dem mächtigen Odin und anderen germanischen Göttern huldigte man in diesen Tagen, die in deutschsprachigen Gebieten auch als ***„Rauhnächte"*** bekannt sind.

Ursprünglich zündete man auch Lagerfeuer an und befestigte Misteln über der Tür, die für Fruchtbarkeit und Unsterblichkeit stehen. Auch die robuste Tanne und die immergrüne Stechpalme sind beliebte Bäume, die zum Julfest aufgestellt wurden. Kinder zogen indes mit Körben voller Früchte von Haus zu Haus.

Bezeichnend für die Julnacht und die Julzeit ist auch das Element Feuer - früher und auch heute noch entzündete man große ***Julfeuer***. Hierzu wurde ein Baumstamm, meist aus Eichenholz, aus dem Wald geholt, - der sogenannte ***Julbaum*** oder ***Julbock*** - dieser wurde alsdann mit Getränken und Mehl übergossen und angezündet. Wenn der Julbock heruntergebrannt war, wurde etwas von der Asche in ein Tuch gewickelt und unters Kopfkissen gelegt - auf diese Weise versprach man sich Träume, die etwas über das neue Jahr verraten sollten.

Auch Du kannst diesen Brauch praktizieren; gehe dazu einfach in den Wald und nimm das erste Stück Holz mit, das Du auf dem Boden liegen siehst.

Bild 18 - © depositphotos - artush
Julfeuer

Imbolc (ca. 1.2.-2.2.)

Der Name ***Imbolc*** kommt vom altirischen Wort imb-folc (***„Rund-um-Waschung“***) und kennzeichnet das Fest damit als Reinigungsfest. ***Oimelc*** ist die Bezeichnung für das erste Milchgeben der Schafe im Frühjahr. Das Fest wurde beginnend am Vorabend in der Nacht zum 1. Februar und an diesem Tag gefeiert und wird bis heute noch in ländlichen Gegenden Irlands als Tag der heiligen Brigid begangen. ***Brigid*** ist die keltische Göttin des Herdfeuers, das für das Wiedererstarken der Natur und Fruchtbarkeit steht. Früher wurden zu Ehren der Göttin kleine Puppen aus Mais und Stroh gefertigt, welche von Mädchen von Tür zu Tür getragen wurden.

Man löschte alsdann Kerzen und Herdfeuer und zündete sie erneut an, um der Göttin Energie zu senden. Außerdem stellte man einen Besen vor die Haustür.

Ähnlich wie Jul gilt ***Imbolc*** als Fest der Hoffnung und des Neuanfangs. Deshalb pflanzen manche Hexen zu dieser Zeit auch Samen, oder praktizieren andere Fruchtbarkeitsrituale.

Ostara (21.3.)

An ***Ostara***, der Tag- und Nachtgleiche, ehrt man die Göttin der Fruchtbarkeit und feiert den Beginn des Sommerhalbjahres. Ostaras Symbole sind das Kaninchen und das Ei - Symbole, die später auch vom Christentum übernommen wurden. (Auch das Ostereiersuchen entstammt ursprünglich der alten germanischen Tradition.)

Früher entzündete man zu ***Ostara*** auch ein Lagerfeuer und tanzte um dieses herum. ***Ostara*** ist die ideale Zeit für einen Neuanfang - nicht nur Deinen Garten oder Deine Fensterbänke kannst Du jetzt neu begrünen, auch in Deinem Leben kannst Du nun einen Neustart wagen. Auch Ostereier anzumalen, ist nicht nur gläubigen Christen vorbehalten - Du kannst dies in Dein eigenes Ritual mit einbinden.

Beltane (1.5.)

Beltane, auch **Beltene**, ***Beltaine*** (altirisch), ist im irischen Kalender der Sommeranfang. Beltane wird beginnend am Vorabend in der Nacht zum und am 1. Mai gefeiert. ***Beltane*** ist zusammen mit ***Imbolc*** (1. Februar), ***Lughnasadh*** (1. August) und ***Samhain*** (1. November) eines der vier großen irischen, durch bestimmte Landarbeiten entstandenen Feste.

An ***Beltane***, dem Fruchtbarkeitsfest, fanden und finden noch heute traditionell der Maibaum-Tanz und die Krönung der Maikönigin statt. Blumen werden in Haare eingeflochten, Körper werden bemalt. ***Beltane*** ist das traditionelle Fest der Vereinigung, an welchem die Verschmelzung von Gott und Göttin in Fruchtbarkeitsritualen zum Ausdruck kommt. Im magischen Wirken verwendet man männliche und weibliche Instrumente wie ***Athame*** und ***Kelch***.

Früher (und teilweise auch noch heute) war Beltane ein Fest der Ausgelassenheit und Zügellosigkeit, an dem sich Paare einander hingaben.

Der Name ***Beltane*** bedeutet ***„Feuer von Bel"*** - ***Belinos*** ist der germanische Sonnengott. An manchen Orten haben sich dementsprechend bis heute traditionelle Freudenfeuer erhalten. In der Nacht des 1. Mai kann aus Bächen und Flüssen auch Wasser gesammelt werden, das zu dieser Zeit magisch ist. Beltane ist außerdem der ideale Zeitpunkt für Reichtumszauber.

Bild 19 - © depositphotos - bjoernalberts
Maibaum in München auf dem Viktualienmarkt - eine alte Tradition

Litha (21.6.)

Die ***Sommersonnenwende*** (Mittsommer) ist der längste Tag des Jahres. An diesem Tag erreicht der Sonnengott seine größte Stärke. ***Litha*** wird traditionell mit Ritualen im Freien gefeiert. Denn zu dieser Zeit treiben sich draußen, in der Natur, viele Erdgeister herum, etwa Elementarwesen und Feen. Ins Lagerfeuer werden Kräuter geworfen und die Asche des Feuers kann auf Feldern verstreut werden, um eine gute Ernte zu erzielen.

Der Mittsommer-Vorabend eignet sich außerdem besonders für Liebeszauber. Aber auch Zauber für Erfolg und Anerkennung wirken an Mittsommer besser als sonst.

Lughnasad/Lammas (31.7.-1.8.)

Das Fest wurde beginnend am Vorabend in der Nacht zum 1. August und an diesem Tage gefeiert, es markiert den Herbstbeginn. ***Lugnasadh*** fällt auf den Beginn der Erntezeit und wurde deshalb mit bäuerlichen Gemeinschaftsfestivitäten begangen.

Lugnhasasd (keltisch) bzw. ***Lammas*** (christlich) ist die erste Erntefeier des Jahres. An diesem Tag zeigten unsere Vorfahren ihre Dankbarkeit für die Ernte und bereiteten sich bereits auf den Winter vor. Noch heute treffen sich Hexen an ***Lughnasad*** mit Freunden, um gemeinsam zu speisen. Einige schmücken ihr Zuhause gerne mit Maiskolben, Nüssen, Kürbissen und anderen geernteten Früchten.

Mabon (21.9.)

Mabon ist die zweite Erntefeier des Jahres und findet an dem Tag statt, an dem die Nacht den Tag wieder einholt. Man dankt für das, was das Jahr an Ernte gebracht hat, und zollt seinen Respekt vor der einkehrenden Dunkelheit. Als Opfergaben für die sich zurückziehende Sonne werden Wein und Kräuter ausgegossen. Die Früchte der Ernte werden nun eingelagert, in Vorbereitung auf den Winter.

Es ist auch eine Zeit, um die Ereignisse der letzten Monate zu reflektieren, sowie Belastungen und Überholtes hinter sich zu lassen. Du kannst jetzt vieles wieder in Einklang bringen, Dich etwa mit jemandem versöhnen. Wirke jetzt Zauber, mit deren Hilfe Du das, was Du nicht mehr brauchst und was Dich belastet, abschließen kannst oder aus Deinem Leben verbannen kannst.

Samhain (31.10.)

Samhain ist das dritte Erntefest des Jahres und bedeutet ***„Ende des Sommers“***. Dieser Tag gilt als der Startpunkt des Jahreskreises. Das Fest stellt neben ***Beltane*** eine der beiden Geisternächte dar - in diesen Nächten wird der Schleier zwischen diesseitiger und jenseitiger Welt geöffnet. Unsere Vorfahren feierten Samhain mit Essensopfern, die sie auf Altäre und vor Haustüren legten.

Viele der heutigen Halloween-Traditionen gehen auf das traditionelle Samhain zurück: Schon damals wurden Rüben ausgehöhlt und zum Schutz vor Türen und auf Zäune gelegt. Um umtriebige Geister zu verscheuchen, zogen sich zahlreiche Menschen Kostüme an und gingen durch die Straßen. An Samhain gedenkt man auch der Vorfahren und der Toten und bittet um deren Hilfe, um gut durch den Winter zu kommen. Manche Hexen stellen auch Kontakt zur Anderswelt her, bitten Vorfahren oder spirituelle Begleiter um Rat.

Samhain eignet sich zudem hervorragend, um gewisse Ziele zu visualisieren und zu manifestieren. Hierzu kannst Du auch gerne in ein Kostüm schlüpfen, das Dein Ziel repräsentiert.

Im ***Wicca-Glauben*** werden zusätzlich noch die ***Esbats*** gefeiert - das sind die 13 Mondfeste. In den meisten Zirkeln finden diese Feste zu den Vollmonden statt. Denn zu Vollmond fließen besonders starke Energien, die zum Aufladen der Ritualwerkzeuge und für viele Zauber genutzt werden können. Während an Sabbaten eher formelle Rituale ausgeführt werden, mit deren Hilfe man sich mit den Göttern verbinden möchte, werden an ***Esbats*** eher Rituale durchgeführt, die praktischen Zwecken dienen. (Mehr zu ***Mondmagie*** siehe im Kapitel ***„Mondmagie“***).

Grundausstattung einer Hexe

Wieder einmal steht Isabell in ihrem Lieblingsesoterikladen. Nach ihrer Gehaltserhöhung will sie sich eine Hexen-Grundausstattung gönnen. Sie kommt an schönen Hexengewändern mit dazu passenden Hüten vorbei. Hmm, besser nicht - sonst gibt es noch viel mehr Getuschel, wenn die alte Nachbarin sie so im Garten herumrennen sieht. (Die ist zum Glück wieder auf die Beine gekommen und nicht mehr bettlägerig.)

Einen Altar hat Isabell schon - sie hat hierfür einen alten Nachttisch umfunktioniert. Aber die Kerzen, an denen sie letztes Mal schon vorbeigekommen ist - die sind so wunderschön! Isabell nimmt gleich sieben davon. Sieben - eine magische Zahl - da kann ja nichts schiefgehen. Und dann die Kräutersäckchen - ja, Kräuter wird sie in Zukunft bestimmt viele brauchen. Auch davon landen einige in ihrem Korb.

Als Nächstes kommt sie an Edelsteinen und Kristallen vorbei - wer kann da schon widerstehen? Am schönsten findet sie Bergkristall, Rubin und Lapislazuli, aber auch die anderen Steine dürfen im Vorrat einer Hexe nicht fehlen. Und diese schönen Kelche! Es sollte schon ein silberner sein, am besten auch mit Edelsteinen besetzt.

Als Isabell an der Kasse anlangt, hat sie zwei Einkaufskörbe voll. Der Preis ist ordentlich, da ist ihr Mehr an Gehalt gleich wieder weg.

Doch Isabell kommt trotzdem glücklich zuhause an. Gleich packt sie ihre Schätze aus und reiht sie auf dem Esstisch auf. Alles glitzert und funkelt, und riecht auch noch gut! Dumm nur, dass ihre Wohnung so klein ist, da muss sie erst mal ein paar Schubladen freiräumen…

Und da war doch dieses Ritual, das sie machen wollte, dafür kann sie bestimmt einige der Gegenstände gebrauchen. Sie schlägt es nochmal nach. **„Obsidian und Eschenrinde…“** *Einen Obsidian hat sie leider gar nicht gekauft. Und Eschenrinde… Sie ist sich gar nicht sicher, ob der Laden Baumrinden anbietet. Etwas beschämt merkt sie, dass sie gar nicht genau weiß, wie eine Esche eigentlich aussieht. Vielleicht hätte sie doch lieber mal in den Wald gehen sollen, als sich dem hemmungslosen Shoppen hinzugeben…*

Dir als Hexe stehen einige Werkzeuge zur Verfügung, mit denen Du die Götter heraufbeschwören, negative Energien vertreiben und Energien leiten kannst. Natürlich funktionieren diese Werkzeuge - wie zum Beispiel ***Besen*** oder ***Hexenkessel*** - nicht unbedingt so, wie es in Disney-Animationsfilmen oder Blockbustern dargestellt wird. Die Werkzeuge sind auch nicht essenziell für Dein Wirken als Hexe, sie bereichern jedoch jedes Ritual und helfen Dir dabei, komplexe Objekte zu visualisieren.

Du musst Dir auch keine besonders teuren Gegenstände besorgen. Denn das wichtigste Werkzeug werden stets Deine Gedanken bleiben. Auf ***keinen*** Fall benötigst Du besondere Kleidung, etwa die aus zahlreichen Filmen bekannte stereotype schwarze Hexenkleidung mit Hut. (Wobei Du Dir natürlich gerne bspw. eine traditionelle Kutte besorgen kannst, wenn Dir danach ist.)

Solltest Du antike oder gebrauchte Werkzeuge kaufen, ist es wichtig, dass Du Dich über die VorbesitzerInnen kundig machst. Denn für magische Zwecke verwendete Werkzeuge (vor allem solche mit Edelsteinen) tragen noch lange Zeit die Energie der BesitzerInnen in sich. Dies sollte beachtet werden, mag ein altes Pentakel auch noch so wunderschön aussehen.

Auf jeden Fall solltest Du bei etwaiger Verwendung gebrauchter Werkzeuge diese vor Gebrauch von alten Energien reinigen. Hierzu ***reinigst*** Du das Werkzeug zunächst (physisch) und vergräbst es danach in der Erde, damit alte Energien ***„abfließen“*** können. Alternativ kannst Du das Werkzeug auch in einem Fluss, in einem See oder in der Badewanne reinigen.

Danach solltest Du die Werkzeuge ***aufladen***. Sprenkle dazu ein wenig Salzwasser auf die Werkzeuge und halte diese anschließend einige Augenblicke lang in den Rauch eines Räucherstäbchens. Wie nachstehend im Buch beschrieben, kannst Du die Werkzeuge auch mit einem ätherischen Öl salben.

Einige Werkzeuge kannst Du sogar selbst herstellen - etwa Deinen Zauberstab. Bitte hierzu einen geeigneten Baum um Erlaubnis, einen seiner Zweige abschneiden zu dürfen (und bringe ihm anschließend ein Opfer dar).

Nach Gebrauch Deiner Werkzeuge solltest Du diese sorgfältig aufbewahren. Traditionell werden diese in Seide eingewickelt, da dieser Stoff sie vor Schmutz und störenden Energien in der Umgebung schützt. Denkbar wären jedoch auch Samt, eine Schachtel, eine Schublade oder ein Schrank.

Abgesehen von Freunden in Deinem Hexenzirkel sollte niemand Deine magischen Werkzeuge berühren. Sollte dies doch einmal passieren, reinige oder räuchere die Werkzeuge alsdann sorgfältig. Auch solltest Du Deine Werkzeuge niemals für irdische Zwecke einsetzen, so solltest Du bspw. nicht etwa Käse oder gar Wurst mit Deinem Dolch schneiden.

Altar und Schrein

An einem Altar verehrst Du nicht nur Gottheiten - er ist auch der Ort, an dem Du alles sammelst, was mit Deinem Dasein als Hexe zu tun hat. Immer, wenn Du an ihm vorbeikommst, soll er Dich daran erinnern, dass Du Dich Deiner Hexenkunst und Dir selbst widmest. Der Altar ist ferner der Ort, an dem die Kommunikation zwischen Deiner Welt und der der Götter möglich wird.

Dein Altar kann aus einer beliebigen Holzart gefertigt sein - besonders beliebt sind Eiche als Symbol für Stärke und Weide als ***„Holz der Götter"***. Auch Altäre aus anderen Materialien sind denkbar, etwa Karton oder Stein.

Du kannst auch einen kleinen Tisch als Altar verwenden. Manche Hexen bauen den Altar für jedes einzelne Ritual gesondert auf, Du kannst jedoch auch einen permanenten Hausaltar (dauerhaft) aufstellen. Solltest Du einen Garten haben, kannst Du sogar einen Freiluftaltar aufbauen.

Dein Altar kann auch verschiedene Formen haben: Wenn Du Dich für einen runden Altar entscheidest, repräsentiert das die Götter und den Kreis als Symbol für Spiritualität. Ein quadratischer Tisch steht hingegen für die Elemente.

Außerdem kannst Du den Altar wahlweise gen Norden ausrichten, was Kraft symbolisiert - oder nach Osten, wo Sonne und Mond aufgehen.

Auf dem Altar platzierst Du alsdann Deine Werkzeuge. Die linke Hälfte des Altars wird üblicherweise der Göttin und den ihr zugeordneten Objekten gewidmet: Kelch, Pentakel, Kristalle und Zauberkessel. Du kannst auch ein Bild der Göttin oder Fotos von Ahnen aufstellen (oder alternativ eine grüne, silberne oder weiße Kerze). An die linke Seite des Altars kann außerdem ein Besen gelehnt werden.

Bild 20 - © depositphotos - Rustic Witch
Der Altar für die Hexe

Die rechte Seite des Altars ist dem Gott gewidmet - dort sollte eine den Gott repräsentierende Abbildung aufgestellt werden, sowie eine rote, eine gelbe oder eine goldene Kerze, ferner das Räuchergefäß, ein Zauberstab, ein Dolch und/oder ein Messer.

In die Mitte des Altars kannst Du ein Gefäß mit Blumen stellen, oder auch das Räuchergefäß. Natürlich ist auch Platz für einen persönlichen Gegenstand. Bei manchen Hexen dürfen auch die vier Elemente nicht fehlen. Es handelt sich hierbei um Salz, das für Erde steht, ein Schälchen Wasser steht für Wasser, eine Kerze wiederum für Feuer und Räucherstäbchen für Luft.

Manche Hexen bevorzugen einen naturverbundenen Altar und legen für die Göttin etwa einen runden Stein, einen Maiskolben oder eine Muschel auf den Tisch, für den Gott dagegen bspw. Pinienzapfen, kegelförmige Steine und Eicheln. Abhängig davon, was das Ziel Deines Rituals ist, kannst Du Deinen Altar auch jederzeit spontan umdekorieren. Möchtest Du etwa einen Liebeszauber wirken, so bietet sich eine Vase mit Rosen an.

Du kannst Deinen Altar auch passend zu den Jahreszeiten schmücken. So kannst Du Dir die jeweilige jahreszeitliche Energie zunutze machen und infolgedessen Deine Zauber verstärken.

Alles, was Du auf Deinem Altar platzieren möchtest, sollte vorher jedoch gereinigt werden. Zünde hierzu einfach Räucherstäbchen an und bewege die entsprechenden Gegenstände durch den Rauch. Dein Altar kann darüber hinaus auch der Ort sein, an dem Du regelmäßig meditierst.

Ein ***Schrein*** hat große Ähnlichkeit mit einem Altar, jedoch stellt der Schrein keine Stätte magischen Wirkens dar. Er dient vielmehr dazu, jemanden zu verehren oder Opfer darzubringen. Vielleicht gibt es eine Göttin, die Du besonders bewunderst oder die ausgesprochen gut zu Deinem magischen Wirken passt? Dann kannst Du auf Deinem Schrein etwa ein Bild von ***„Deiner“*** Göttin aufstellen, einen Kristall darauflegen oder dort eine Pflanze platzieren.

Wenn Du einen besonderen Bezug zu einem Element hast, kannst Du auch hierfür einen Schrein errichten. Sammle hierfür einfach Gegenstände oder Bilder, die dieses Element für Dich repräsentieren. ***Elementschreine*** können hilfreich sein, um ungünstige Energien zu neutralisieren. Hast Du zuhause möglicherweise ein Zimmer, in dem die Bewohner schnell müde und träge werden? Dann stelle dort rote Blumen oder ein Bild mit starken Rottönen auf, um etwas Feuer und Energie in den Raum zu bringen.

Übrigens gelten auch Formationen wie ***Stonehenge*** oder ***Machu Picchu*** als alte ***Schreine***, die den Göttern zu Ehren errichtet wurden.

Stonehenge: [stəʊ̯nˈhɛndʒ]: Ein vor über 4000 Jahren in der Jungsteinzeit errichtetes und mindestens bis in die Bronzezeit genutztes Bauwerk in der Nähe von Amesbury, England. Es besteht aus einem ringförmigen Erdwall, in dessen Innerem sich verschiedene, um den Mittelpunkt gruppierte Formationen aus bearbeiteten Steinen befinden. Ihrer Riesenhaftigkeit wegen nennt man sie Megalithen.

Machu Picchu: [ˌmatʃu ˈpiktʃu], (Quechua ***Machu Picchu,*** deutsch: alter Berg) ist eine gut erhaltene Ruinenstadt in Peru. Die Inka erbauten die Stadt im 15. Jahrhundert in 2430 Metern Höhe auf einem Bergrücken zwischen den Gipfeln des Huayna Picchu (deutsch: junger Berg) und des Berges gleichen Namens ***(Machu Picchu)*** in den Anden, 75 Kilometer nordwestlich der Stadt Cusco.

Bild 21 - © depositphotos - fyletto
Stonehenge in England

Bild 22 - © depositphotos - vitmarkov
Machu picchu - Die Inkastadt in Peru

Besen

Der Besen hat seinen Ursprung nicht etwa - wie man vielleicht meinen könnte - im europäischen Kulturkreis, sondern sein Ursprung geht viel weiter zurück - sowohl im präkolumbianischen Mexiko als auch in der chinesischen Mythologie gibt es Gottheiten, die mit Besen dargestellt werden.

Zu Beginn seines Einsatzes in Europa hatte der Besen eine ***Schutzfunktion***. Bewohner legten ihn auf die Türschwelle, um Flüche abzuhalten, oder aber unter das Kissen, um angenehme Träume gewährt zu bekommen.

Die Vorstellung von der - meist bösen - Hexe, die auf einem Besen durch die Lande fliegt, ist dagegen eine Mär, die von der Inquisition in die Welt gesetzt wurde. Heutzutage wird der Besen von Hexen verwendet, um vor einem Ritual die Umgebung zu ***säubern***. Dabei geht es gar nicht unbedingt darum, den Boden physisch zu fegen, - der Besen muss den Boden nicht unbedingt berühren - sondern die negativen oder einfach nur störenden Energien hinauszufegen, die Menschen in einem Haus oder Raum hinterlassen haben. Diese Handlung des Fegens sorgt dafür, dass das anschließende Ritual reibungslos und ohne Störungen durchgeführt werden kann.

Da der Besen ein Mittel zu Reinigung ist, wird er auch mit dem Element Wasser assoziiert und in ***Wasserzaubern*** eingesetzt. Auch bei heidnischen ***Hochzeiten*** wird der Besen noch immer gerne eingesetzt - häufig ist es etwa Brauch, zur Besiegelung des Ehebundes über den Besen zu springen. Wenn Du den Besen mit den Borsten nach oben vor einen Raum stellst, verhinderst Du, dass negative Energien in diesen Raum eindringen.

Viele Hexen sammeln Besen - vielleicht hast Du ja auch eine diesbezügliche Sammelleidenschaft? Jeder Besen hat seine ganz eigenen Qualitäten, sodass es sinnvoll ist, unterschiedliche Besen zu besitzen. Wenn Du handwerklich begabt bist, kannst Du Dir Deine eigenen Besen binden.

Bild 23 - © depositphotos - NatalyaA
Klassischer Hexenbesen aus Eschenholz (Stiel) und Weidenzweigen

Für die Herstellung kannst Du Dich an traditionellen Anleitungen orientieren und einen dicken Eschenzweig als Schaft und Weidenzweige zum Zusammenbinden verwenden. (Vergiss hierbei nicht, dem Baum immer dafür zu danken, dass er sich Dir zur Verfügung stellt.)

Übrigens ist der Besen darüber hinaus eine phallische Darstellung der Fruchtbarkeit.

Kerzen

Kerzen symbolisieren und ehren das Göttliche. Feuer und Flamme gehören zugleich zu den Urbildern, die unser Unterbewusstsein stimulieren.

Viele Hexen platzieren zwei Kerzen auf ihrem Altar - eine für die Göttin und eine für den Gott. Häufig repräsentieren Kerzen auch die Elemente, und zwar hauptsächlich Feuer und Wind; blaue Kerzen können jedoch auch Wasser repräsentieren.

Du kannst während eines Rituals Kerzen mit einem Zauber belegen oder Du kannst sie anzünden. Viele Hexen schnitzen auch ***Runen*** hinein, um sie einem bestimmten Zweck zuzuführen.

Nachstehend in diesem Buch erfährst Du mehr über die Bedeutung von Kerzen im Kaptitel **„Farben“**.

Kelch

Der Kelch symbolisiert die Göttin sowie Fruchtbarkeit (vgl. hierzu auch der ***Heilige Gral*** im Christentum, wobei hier auch keltische Elemente miteinfließen) und steht für das Wasser. Du kannst den Kelch mit Wasser oder magischen Tränken befüllen und ihn auf den Altar stellen oder während des Rituals daraus trinken. Oft wird der Kelch auch verwendet, um den Gottheiten Opfer darzubringen.

Der Kelch kann aus Silber, Messing, Gold, Ton, Kristall oder anderen Materialien gefertigt sein.

Bild 24 - © depositphotos - oatintro
Magischer Kelch

Edelsteine

Kristalle und Edelsteine wurden bereits bei den alten Ägyptern zu magischen Zwecken eingesetzt. So besetzten die Ägypter beispielsweise Amulette und Talismane mit Kristallen und Edelsteinen. Damals war es allerdings nur Mitgliedern der Königsfamilie und Priestern gestattet, Kristalle zu tragen. Im alten Ägypten war man sogar der Ansicht, dass Edelsteine zu menschlichen Gefühlen fähig sind.

Edelsteine können insbesondere im Kontext der ***Divination*** (Divination ist der Oberbegriff für die Wahrsagekunst) eingesetzt werden - bspw. für Hellsehen, Pendeln und auch für entsprechende Meditationen und Astralreisen.

Du kannst mit Deinen Edelsteinen

- Deine Energie stärken, wenn Du diese am Körper trägst.
- Amulette und Talismane mit diesen bestücken.
- Diese als Schutz vor Deine Fenster oder Türen legen.
- Diese als Hilfe beim Meditieren verwenden.
- Diese in Tränken ziehen lassen.
- Mit ihnen pendeln.
- Sie auf Deinen Altar legen, um positive Energie anzuziehen.
- Naturgeistern huldigen.
- In die Zukunft schauen.

Wie in allen Bereichen, sind auch bei der Verwendung von Edelsteinen Deiner Fantasie keine Grenzen gesetzt. Setze die Edelsteine so ein, wie es sich für Dich richtig und gut anfühlt. Allerdings ersetzt nichts den Stein, den Du irgendwo am Strand oder im Wald aufliest - selbst, wenn es nur ein ***„wertloser“*** Kieselstein ist, so wird er für Dich immer eine besondere Bedeutung und Wirkung haben.

Jeder Stein hat natürlich unterschiedliche Eigenschaften. ***Transparente Steine*** eignen sich für mentale Zauber, ***halbtransparente Steine*** für emotionale Zauber und ***opake Steine*** für materielle Zauber.

Auch die ***Farbe*** und das ***Muster*** eines Steins sind bedeutsam für dessen Wirkung. So eignen sich etwa rosafarbene Steine, wie bspw. der Rosenquarz, für Liebeszauber. Mit grünen Steinen (z. B. Jade) lassen sich ausgesprochen gut Geldzauber wirken. Steine dagegen, die den Anschein haben, als wäre ein Auge auf ihnen abgebildet, werden von vielen Hexen seit jeher als Schutz gegen den ***„Bösen Blick“*** genutzt - diese Steine sollen also feindselige, neidische, schädliche und übelwollende Blicke von anderen Menschen abwenden.

Im Folgenden findest Du eine Übersicht der gängigsten Edelsteine sowie deren magische Wirkungen

Achat	Stabilisierung, Kraft, Entschlossenheit, Schutz. Geeignet für Meditationen.
Amethyst	Meditation, Träume, Stärkung. Übersinnliche Fähigkeiten. Hilfreich bei Angst, Unruhe und Schlafstörungen.
Aquamarin	Fantasie, Kreativität, Intuition, Scharfsinn. Verbindung mit dem höherem Selbst.
Bernstein	Schutz, Liebe. Geeignet für Amulette.
Blutjaspis	Gesundheit, Schutz, Glück, Erfolg.
Calcit	Reinigung, Heilung, Beruhigung. Förderung des spirituellen Wachstums.
Chrysokoll	Beziehungen, Veränderungen. Lindert Schmerzen.
Citrin	Stärkung übersinnlicher Fähigkeiten. Reinigung.
Diamant	Liebe, Stärke, Tapferkeit.
Flussspat	Stressabbau, Konzentration, Intuition.
Granat	Schutz, Liebe, Leidenschaft, Mut. Gegen Kopfschmerzen. Geeignet für Talismane (Liebe).
Hämatit	Stabilisierung, Verteidigung, Heilung
Jade	Reichtum, Schönheit, Fruchtbarkeit, Gesundheit, Langlebigkeit. Hilfreich bei Nierenproblemen. Geeignet für Talismane (Liebe).
Jaspis	**Rot:** Liebe **Braun:** Heilung
Karneol	Erfolg, Leidenschaft, Sexualität, Mut.
Koralle	Schutz
Lapislazuli	Stärkung übersinnlicher Fähigkeiten. Gesundheit, Meditation.
Malachit	Reichtum, Schutz, Verbindung zur Natur.
Moldavit	Kommunikation mit anderen Entitäten. Einsichten.

Mondstein	Träume, Beruhigung, Intuition, Gesundheit. Gegen Nervosität.
Obsidian	Kristallomantie (Hellsehen in reflektierenden Flächen). Stärke.
Onyx	Vertreiben negativer Energien, Erdung, Selbstvertrauen, Entschlossenheit.
Opal	Stärkung übersinnlicher Fähigkeiten, Liebe.
Peridot	Schutz
Perle	Liebe, Freude, Ausgeglichenheit, Intuition, Fruchtbarkeit, Kreativität.
Rubin	Leidenschaft, Liebe, Sexualität, Mut.
Saphir	Fördert spirituelles Wissen. Kontakt zum Göttlichen. Weisheit, Hellsehen, Meditation.
Smaragd	Hellsehen, Heilung, Wachstum, Liebe, Kreativität.
Tigerauge	Stärke, Mut, Glück, Reichtum.
Topas	Schutz, Mut, Intellekt.
Türkis	Schutz, Reichtum, Stressabbau.
Turmalin	Vertreiben negativer Energien. Ausgeglichenheit. **Grün:** Verbindung mit Naturgeistern. **Rosa:** Emotionen **Rot-Grün:** Liebe, Freundschaft

Um eine optimale Wirkung Deiner Zauber zu erzielen, kannst Du verschiedene Steine kombinieren. Ziehe auch weiterführende Literatur zu diesem komplexen Thema zurate.

Kristalle

Kristalle wirken sehr ähnlich wie Edelsteine. Kristalle sind mächtig und können Auren erzeugen, die für Deine Zauber hilfreich sein können. Einen reinen ***Bergkristall*** kannst Du bspw. als Allzweckstein in jedem Zauber einsetzen. So ist auch die Glaskugel, die Hexen traditionellerweise zum Wahrsagen einsetzen, eine Bergkristallkugel. Da Quarze - wie auch physikalisch bestätigt ist - Informationen speichern, Energie verstärken und Schwingungen übertragen, gelten sie im spirituellen Bereich als Wissensspeicher, -verstärker und -überträger.

Bergkristall

In Bergkristallen findet man häufig Einschlüsse, gleichsam silbrigen Plättchen, die als magische Tafeln gelten, auf die Du Deine Wünsche ***„schreiben“*** kannst. Sogenannte Einschlüsse von Rutil - glitzernde Fäden - sorgen dafür, dass die Zauber, die Du mit dem Kristall wirkst, beschleunigt werden.

Du kannst Kristalle - so auch den Bergkristall - als Schmuck tragen, sie in Amulette und Talismane einbetten, magische Werkzeuge mit ihnen verzieren, sie zum Meditieren nutzen, sie zum Schutz auslegen und vieles mehr.

Wie bereits erwähnt, haben Kristalle (so auch der Bergkristall) drei Hauptwirkungen:

- Sie verstärken die Kräfte anderer Steine, Pflanzen oder Werkzeuge.
- Sie speichern Gedanken, Informationen und Energien.
- Sie bündeln und lenken Energie.

Beliebt sind Kristalle insbesondere auch als Schutzamulette, da Du Dein Schutzanliegen in diese ***„hineinsagen“*** oder ***„hineindenken“*** kannst und dieses Anliegen alsdann für lange Zeit gespeichert wird.

Vorsicht: Bohre niemals ein Loch in Deinen Kristall, wenn Du diesen als Amulett tragen möchtest.

Rosenquarz

Rosenquarz ist der präferierte Kristall vieler Hexen - und das nicht nur, weil er mit seiner halbtransparenten, nebligen Qualität und aufgrund seiner schimmernden Einschlüsse so anmutig aussieht. Rosenquarz wird häufig in Liebeszaubern verwendet und steht für Romantik und Freundschaft. Der Kristall kann jedoch auch Liebe für Dich selbst in Dir erwecken und auf diese Weise Deine Selbstakzeptanz und Dein Selbstbewusstsein stärken. Zudem sorgt Rosenquarz für Harmonie, etwa im Bereich der Familie oder auch im Arbeitsleben. Auf Trauernde hat er eine tröstende Wirkung.

Rauchquarz

Sicherheit, Beständigkeit und Geduld, aber auch Stärke und Entschlossenheit sind die Eigenschaften, die der Rauchquarz fördert. Hexen benutzen diesen Kristall gerne zum Erden und Stabilisieren. Rauchquarz leitet Energie langsamer als bspw. der Bergkristall und ist daher für die Verwirklichung langfristiger Ziele geeignet.

Reichtumskristalle

Quarzkristalle mit grünlichen Einschlüssen eignen sich zur Verbesserung Deiner finanziellen Situation. Denn Grün wird stets mit gedeihenden Pflanzen und Geld in Verbindung gebracht.

Reinigen von Steinen und Kristallen

Da Steine und Kristalle Emotionen und Gedanken speichern, solltest Du diese regelmäßig reinigen. Du kannst sie ganz einfach mit milder Seife unter fließendem Wasser reinigen und Dir dabei vorstellen, wie sie von reinigendem weißen Licht umhüllt werden. Auf diese Weise werden sämtliche Energien entfernt, die sich an den Stein bzw. den Kristall angehaftet haben; die Eigenenergie des Steins bleibt dagegen erhalten.

Alternativ stehen Dir folgende Möglichkeiten zur Entfernung von Energien zur Verfügung:

- Reibe die Steine mit einem Citrin ab.
- Lege den Stein für einige Zeit ins Sonnen- oder Mondlicht.
- Vergrabe ihn für einige Zeit in einer Schale voller Erde.
- Verbrenne Salbei oder andere Kräuter und halte den Stein in den Rauch.
- Tauche den Stein für eine bestimmte Zeit in Wasser.

Wo solltest Du Deine Steine aufbewahren? Genauso wie Deine anderen Utensilien, kannst Du die Steine auf den Altar legen oder aber in Samt oder Seide wickeln. Manche Hexen legen ihre Steine, mit denen sie Liebeszauber wirken können, gerne auf den Nachttisch. Steine für Geldzauber werden dagegen bevorzugt in die Haushaltskasse gelegt.

Bild 25 - © depositphotos - wollertz
Verschiedene Kristalle

Metalle

Nicht zuletzt kannst Du auch Metalle magisch einsetzen, falls Du Dich zu den glücklichen BesitzerInnen solcher Metalle zählen kannst.

- **Gold** ist das Metall der Sonne und wird dem Männlichen zugeordnet. Gold werden heilende und andere positive Eigenschaften zugeschrieben. Schon vor Jahrhunderten versuchten Alchemisten, Gold mithilfe anderer Substanzen (v. a. aus unedlen Metallen) herzustellen.
- **Silber** steht für Gefühle und für Schutz, es wird dem Mond zugeordnet. Silber ist ein beliebtes Material für die Herstellung von Ritualwerkzeugen.
- **Eisen** ist ein hartes Metall und steht für Kampf. Es wurde seit jeher zur Herstellung von Waffen verwendet. Auch zum Pentakel verarbeitet, trifft man es häufiger an.
- **Kupfer** gilt als ideales Metall für Liebeszauber. Solltest Du einen solchen Zauber wirken wollen, achte darauf, dass wenigstens eines der beteiligten Werkzeuge oder Gegenstände aus Kupfer ist.
- **Zinn** eignet sich dagegen eher für Geldzauber.
- **Quecksilber und Blei** gelten zwar ebenfalls als magische Metalle, jedoch solltest Du sie nicht nutzen, da beide hochgiftig sind. Quecksilber steht für Dynamik und Gewandtheit, Blei dagegen für Durchhaltevermögen.

Mondwasser

Mondwasser wird mithilfe eines Rituals hergestellt, bei dem Wasser mit Mondlicht aufgeladen wird. Hierzu kannst Du ein Glas Wasser für einige Stunden ins Mondlicht stellen oder aber ein aufwendiges Ritual zelebrieren, bei dem Du Deine Lieblingsgöttin ehrst (der Mond steht nämlich für das Weibliche).

Du kannst das so gewonnene Mondwasser bei Ritualen einsetzen. - Du kannst damit aber auch reinigen, kochen oder Deine magischen Werkzeuge aufladen. Alternativ kannst Du auch Salzwasser oder Meerwasser verwenden.

Pentagramm

Das Pentagramm ist eines der geheimnisvollsten Symbole überhaupt, es ist in der Form eines ***fünfzackigen Sterns*** gestaltet. Gemeinhin besteht es aus Messing, Gold, Silber, Holz, Wachs oder Ton.

Das Pentagramm symbolisiert die fünf Elemente: Erde, Wasser, Feuer, Luft und Äther.

Bei der Bezeichnung Drudenfuß handelt es sich um das umgekehrte Pentagramm. Als Pentakel wird ein Pentagramm in einem Kreis bezeichnet.

In unterschiedlichen Kulturen und Zeiten hatte das Pentagramm ganz verschiedene Bedeutungen. So symbolisierte es etwa im antiken Griechenland die fünf Elemente, bei den Ägyptern galt es als Glückssymbol. Pythagoras sah im Pentagramm ein Symbol für Gesundheit und für den Kreislauf des Lebens. Für die Pythagoreer waren insbesondere auch die mathematischen Besonderheiten des Pentagramms von Interesse, v. a. auch der goldene Schnitt. In der westlichen Magie wurde das Pentagramm häufig als Schutzamulett und zur magischen Beschwörung verwendet.

Im mittelalterlichen und nachmittelalterlichen Christentum wurde das Pentagramm als Schutzsymbol und Abwehrzeichen gegen böse Geister, Druiden und Dämonen angesehen, häufig wurde es auf Haus- oder Stallschwellen gezeichnet.

Auch in einigen Kirchengebäuden ist das Pentagramm als Schutz vor bösem Spuk zu finden.

In anderem Zusammenhang symbolisierten die fünf Ecken des Pentagramms die fünf Wunden Jesu. Später verfolgte die Kirche das Pentagramm als Symbol des Satans - zum einen, weil es ein mächtiges Symbol darstellte, welches bspw. dem christlichen Kreuz Konkurrenz zu machen drohte. Zum anderen verehrten auch Gruppierungen, die der Kirche verhasst waren, das Pentagramm. So war für die Freimaurer das Pentagramm das Symbol der Gerechtigkeit und des Lichts, währenddessen die Freimaurer von der Kirche als Teufelsanbeter stigmatisiert wurden. Auch heutzutage wird das umgekehrte Pentagramm noch mit Satanismus in Verbindung gebracht. So gilt das invertierte Pentagramm im Satanskult oder auch in der Black- und Death-Metal-Szene als Symbol des Satans.

Das Pentakel hat seinen Ursprung in der Zeremonialmagie - der westlichen Hochmagie, die seit vielen Jahrhunderten besteht. In früheren Zeiten wurde das Pentakel als Schutz gegen böse Geister und Dämonen sowie zur Beschwörung von Geistern eingesetzt.

Als Hexe kannst Du Deine ***Amulette, Glücksbringer*** oder auch andere Objekte, die rituell geweiht werden sollen, auf das Pentagramm legen. Außerdem kannst Du mithilfe des Pentagramms Göttinnen und Götter anrufen. Auch ist es möglich, mittels eines Pentagramms Geldzauber zu wirken. Manche Hexen zeichnen das Pentagramm auch bei der Errichtung des Schutzkreises in die Luft. Das mit dem Pentagramm verbundene Element ist die Erde.

Oft findet man den fünfzackigen Stern noch heutzutage über Türen, Hauseingängen oder Fenstern, wo sie dem Schutz der Bewohner dienen sollen.

Bild 26 - © depositphotos - FairytaleDesign
Dunkler Steinaltar mit Pentagrammsymbol in der Mitte

Zauberstab

Der Zauberstab wird bereits seit Jahrtausenden in magischen und religiösen Ritualen verwendet. Er gilt als Werkzeug zur ***Anrufung der Götter*** - Indem Du den Zauberstab erhebst, forderst Du die Götter auf, Deinem Ritual beizuwohnen. Der Zauberstab sollte mindestens 15 Zentimeter lang sein, um gute Wirkungen zu erzielen.

Du kannst den Zauberstab jedoch auch dazu verwenden, Energie zu lenken und zu sammeln. Du kannst ferner mit ihm magische Symbole oder einen Kreis auf den Boden zeichnen oder aber in Deinem Kessel rühren. Außerdem zeigt er Gefahren an, indem er sich in die Richtung dreht, aus der die Gefahr kommt. Der Zauberstab wird häufig mit dem Element ***Luft*** in Verbindung gebracht. Traditionelle Holzarten für die Herstellung von Zauberstäben sind Weide, Eiche, Apfel, Nuss und Kirsche. Heutzutage gibt es jedoch auch Zauberstäbe aus Metall oder Glas. Häufig sind Zauberstäbe üppig verziert, etwa mit Kristallen oder Runen. Wichtig ist auch, dass Dein Zauberstab gut in der Hand liegt.

Bild 27 - © depositphotos - paulfleet
Verschiedene Zauberstäbe

Bild 28 - © depositphotos - creatista
Hexe mit Athame

Zeremonieller Dolch oder Messer (Athame) und Boline

Der zweischneidige ***Zeremonialdolch*** mit häufig schwarzem Griff dient dem Lenken, Schneiden und Verteilen von Energie. Da ein Schwert häufig zu groß und zu umständlich für magische Praktiken ist, wird der Dolch als symbolischer Ersatz dafür verwendet. Du kannst einen Dolch selbst herstellen, wenn handwerkliche Tätigkeiten zu Deinen Talenten gehören - Du kannst den Dolch aber auch kaufen oder von einer anderen Hexe erhalten. Auch ein schlichtes Küchenmesser kann genügen.

Häufig werden ***Athamen*** in Ritualen verwendet, um die Elemente und andere Ritualbestandteile zu benennen. Ein ***Boline*** wird im Gegensatz zum Athame zum physischen Schneiden verwendet, etwa zum Schneiden von Papier oder Fäden während eines Rituals oder auch zum Ernten von Kräutern.

Üblicherweise hat der Boline einen weißen Griff und eine gebogene Klinge, ähnelt also einer kleinen Sichel.

Glöckchen

Glöckchen werden manchmal in Ritualen verwendet und können auf dem Altar platziert werden. Sie sind ein Symbol für das Weiblich-Schöpferische.

Du kannst sie verwenden, um einen Schutzkreis zu öffnen oder zu schließen, oder um ein Ritual zu beginnen oder zu beenden. Traditionell werden Glöckchen auch zur Vertreibung negativer Energien eingesetzt. Du kannst sie aber auch einsetzen, um (positive) Geister anzulocken.

Hexenkessel

Einen Hexenkessel kannst Du verwenden, um an heidnischen Feiertagen in der Natur ein Feuer zu entzünden. Du kannst außerdem auch Wunschzettel in Deinen Kessel legen, zusammen mit Kräutern, Steinen oder Ähnlichem. Solltest Du keinen geeigneten Kessel finden, tut es auch eine feuerfeste Schale oder ein Küchentopf.

Ähnlich wie der Kelch, symbolisiert auch der Hexenkessel den schwangeren Bauch der Göttin.

Kristallkugel

Eine Kristallkugel dient in erster Linie dazu, dass Du vor ihr meditierst und Dich dabei in ihre Betrachtung versenkst, um möglicherweise in einen Zustand tiefer Trance zu gelangen.

Faden

Fäden können dazu verwendet werden, magische Energie zu speichern - mache dazu einfach einen Knoten in den Faden. Du kannst einen Faden auch dazu verwenden, Deinen Schutzkreis zu markieren.

Bild 29 - © depositphotos - rbvrbv
Hexe mit Hexenkessel

Bild 30 - © depositphotos - Elisanth
Hexe mit Kristallkugel

Räuchern und ätherische Öle

Ein Räuchergefäß dient zum ***Verbrennen von Räucherwerk***. Es kann sich hierbei entweder um ein metallenes Gefäß handeln (ähnlich dem Gefäß, welches in Kirchen verwendet wird) oder um eine einfache Schale, etwa eine große Muschelschale. Das Gefäß sollte zur Hälfte mit Sand oder Salz gefüllt werden, da diese Materialien die Hitze des Räucherwerks absorbieren. Was Räucherwerk angeht, ist dies in Form von Stäbchen, kleinen Zylindern oder als loses Granulat erhältlich. Sehr beliebtes Räucherwerk ist etwa Salbei, Weihrauch und Kiefer.

Wenn Du Dich vor das Räuchergefäß (mit der Räucherware) setzt oder stellst, kannst Du langsam den Rauch einatmen und so möglicherweise in andere ***Bewusstseinszustände*** gelangen. Manchmal zeigen sich auch Göttinnen und Götter in den Rauchschwaden. Außerdem kannst Du auf diese Weise ***Wunschzettelmagie*** wirken - schreibe einfach Deinen Wunsch auf einen Zettel und übergebe diesen den Flammen.

Rauch gilt zudem als reinigend - wann immer Du also Deinen Ritualort reinigen möchtest, entzünde ein wenig Räucherwerk. Oft wird das Räuchergefäß auf den Altar gestellt. Wenn Du draußen, in der Natur, ein Ritual durchführst, brauchst Du die Räucherutensilien nicht notwendigerweise - hier genügt es, an einem sicheren, geeigneten Ort ein kleines Feuer zu entzünden.

Manche Hexen bevorzugen zur Reinigung ätherische Öle - Beim Kauf von ätherischen Ölen solltest Du nur 100 % naturreine Öle aus biologischem Anbau wählen. So gehst Du sicher, dass die Öle naturbelassen und nicht verändert sind und nur das Öl der angegebenen Stammpflanze enthalten ist. Naturreine Öle enthalten keine synthetischen Zusätze wie Farbstoffe oder Konservierungsmittel, biologischer Anbau der Stammpflanze gewährleistet den Verzicht auf Insektizide und Herbizide beim Anbau der Pflanze. Auf ätherische Öle mit den Bezeichnungen ***natürliche ätherische Öle, naturidentische Öle*** und ***künstliche Öle*** solltest Du verzichten, da nur 100 % naturreine Öle den entsprechenden Qualitätsstandard besitzen.

Ein Vorteil der Verwendung (naturreiner) ätherischer Öle ist, dass Du damit Kerzen salben kannst. Träufle ein wenig ätherisches Öl auf Deine Handfläche und verreibe es auf der Oberfläche der Kerze (Lass den Docht dabei aus.). Während die Kerze beim Ritual langsam herunterbrennt, wird der Duft des Öls freigesetzt und unterstützt damit wirkungsvoll das Ziel Deines Rituals und auch Deine Fokussierung. Auch andere Werkzeuge kannst Du mit ätherischen Ölen ***„salben"*** und mit Energie aufladen - hier sei etwa Dein Pentakel genannt, wenn Du dessen Schutzfunktion noch verstärken möchtest.

Möchtest Du mit Räucherungen arbeiten, gilt dasselbe: Verwende, was Dir guttut, womit Du Dich wohlfühlst oder was Du als zweckerfüllend erachtest.

Zur Orientierung seien einige Räucherstoffe und ihre spezifischen Eigenschaften genannt

- Salbei gilt als reinigend auf feinstofflicher Ebene, was den eigenen Energiehaushalt, Blockaden und Räumlichkeiten betrifft, die von störenden Schwingungen oder Wesenheiten befreit werden sollen. ***Salbei*** (**lat. Salvia officinalis**) wirkt stark desinfizierend. Er löst negative Energiefelder auf, und entfaltet kräftigende und stärkende Wirkungen in den entsprechenden Räumen.
- Wacholder (**lat. Juniperus communis**) vertreibt ebenfalls negative Energien und Einflüsse, im alten Glauben auch Dämonen und Krankheitsgeister. Der Wacholderstrauch gilt in vielen Kulturen als heiliger Strauch. Für Räucherungen werden das Harz, die Nadeln, die Zweigspitzen sowie die getrockneten Beeren verwendet. Wacholder entfaltet eine sehr starke Schutzfunktion. Daneben wirkt er reinigend und desinfizierend sowie vitalisierend und klärend.
- Myrrhe und Weihrauch wirken klärend und energetisierend. Beides kann den geistigen Klarblick fördern, der Seele ins Gleichgewicht verhelfen und dabei unterstützen, klare Wünsche oder Ziele zu formulieren sowie zugleich in einen höheren Energielevel zu transformieren. Ebenso können Räume, Ritualia oder Gaben energetisiert werden. ***Weihrauch*** hat eine stark reinigende Wirkung, mit seiner starken Lichtstrahlung befreit er von dunklen Energien und zieht die guten Geister an. ***Myrrhe*** ist das Harz von **Commiphora Myrrha (lat.)**. Es hat eine desinfizierende, reinigende, heilende und klärende Wirkung. Das Harz wirkt bewusstseinserweiternd, schenkt Ruhe und verbindet Körper, Geist und Seele miteinander und bringt die einzelnen Komponenten ins Gleichgewicht. Myrrhe schafft eine Verbindung zur feinstofflichen Welt.

- Campher soll energetische Rückstände eliminieren. Das können hängen gebliebene Informationen in Räumlichkeiten sein, aber auch Vergangenes, das noch Deine Aura trübt.
- Thymian verfügt ebenfalls über reinigende Eigenschaften, gleichermaßen bringt er Stärke und Stabilisierung mit. Er eignet sich zum Schutz von Räumlichkeiten, er kann Energien stabilisieren und helfen, Impulse stärker zu fokussieren.
- Myrte fördert innere Ruhe und Ausgeglichenheit, und hilft dabei, das seelische Gleichgewicht zu finden, weiter kann Myrte auch für Entscheidungsfindungen förderlich sein.
- Angelikawurzel verbreitet eine klare Schwingung und wirkt ätherisch erhellend. Hast Du das Gefühl, im Trüben zu fischen, kann eine Räucherung bei der Klarwerdung, dem Sortieren von Gefühlen und Gedanken, unterstützen. Ein dumpfes, diffuses oder beklemmendes Gefühl in Räumlichkeiten kann durch eine Reinigungsräucherung energetisch geklärt werden.
- Styrax verbreitet eine warme Note, schafft ein Ambiente von Geborgenheit, weiter öffnet Styrax harmonischen Energien das Tor in Räume oder öffnet Dich selbst.

Grundsätzlich helfen Rituale und Räucherungen dabei, mit dem Unterbewusstsein, der Seele, dem Feinstofflichen und jenseitigen Wesenheiten in Kontakt zu treten. Sie helfen bei der Überwindung der Barriere durch das Bewusstsein, sie können die Sinne öffnen und bestimmte Stimmungen, räumliche Atmosphären oder energetische Zustände schaffen.

Bild 31 - © depositphotos - Ivo9999
Trockene Salbeistangen als Räucherwerk

Bild 32 - © depositphotos - jhsiep
Wacholder als Räucherwerk

Räucherritual zur energetischen Reinigung Deiner Wohnung

Für das Räucherritual benötigst Du folgende Utensilien:

- Ein Räuchergefäß mit Griff (optional ist auch ein Weihrauchbrenner zum Schwenken möglich).
- Sand
- Räucherkohle
- Streichhölzer
- Kräuter, entweder als Räuchermischung oder einzelne Kräuter
- Feder oder kleiner Fächer

Die Räucherung kann durch entsprechende Klänge oder Gesänge unterstützt werden. Wenn Du selbst nicht singen möchtest, kannst Du Dir eine kleine Trommel bereitlegen, um während des Rituals rhythmische Klänge zu erzeugen. (Falls Du weder eine Trommel noch ein anderes passendes Musikinstrument besitzt, können auch Töpfe und Holzlöffel diesen Zweck erfüllen).

Das Räucherritual sollte bei geschlossenen Fenstern wie folgt durchgeführt werden

Fülle Dein Räuchergefäß etwa zu zwei Dritteln mit Sand. Setze dann die Räucherkohle in die Mitte und zünde diese an.

Beginnend bei der Wohnungs- oder Haustür werden zunächst die Energien geweckt. Gehe hierzu mit der Trommel oder mit Deiner Gesangseinlage durch alle Räume, sodass sich am Ende ein Kreis bildet. - Das bedeutet, dass Dein kleiner Rundgang wieder an der Eingangstür endet. Gehe dabei immer so nah wie möglich an der Wand entlang. Dein Bauchgefühl wird Dir zeigen, ob es besser ist, linksherum oder rechtsherum zu gehen.

Sollte Dir Deine Intuition zeigen, dass ein Rundgang nicht ausreichend war, um alle Energien zu wecken, so beginne noch einmal von vorn.

Wenn das Stück Räucherkohle nach etwa 15 Minuten durchgebrannt ist und glüht, so gib die Räuchermischung aus verschiedenen Kräutern und Harzen auf die Kohle. Das gelingt meist mit einem kleinen Löffel recht gut, denn dadurch lässt sich die Mischung sehr gut dosieren.

Beginne mit der Räucherreinigung ebenfalls an der Eingangstür und gehe dann langsam in der gleichen Reihenfolge - wie vorher bei der Energieerweckung - von Raum zu Raum.

Stelle Dich zunächst in die Mitte des jeweiligen Raumes und lass den Rauch langsam aufsteigen. Wende Dich danach den Ecken zu, die sich im Raum befinden. Hier solltest Du auch Mauervorsprünge und Nischen nicht vergessen.

Um den Rauch besser und einfacher verteilen zu können, ist eine Feder oder ein kleiner Fächer sehr hilfreich.

Abschließend werden alle Fenster nacheinander weit geöffnet, um den Rauch und mit diesem alle negativen Energien entweichen zu lassen.

Zum Abschluss der energetischen Reinigung empfiehlt es sich, einen Schutzring mit Salz zu ziehen. Du kannst hierzu eine kleine Schüssel mit Salz in jeden Raum in die Ecken stellen oder Du bildest im Freien einen Schutzring aus Salz um Deine Wohnung. Idealerweise solltest Du den Schutzring aus Salz auf jedes äußere Fensterbrett sowie vor die Wohnungs- oder Haustür stellen. Erst danach können die Fenster wieder geschlossen werden.

Rezept zur Herstellung einer magischen Räucherkugel

- 25 g Weihrauch
- 20 g Myrrhe
- 15 g Beifuß
- 15 g Johanniskraut
- 10 g Engelwurz
- 5 g Gummi arabicum

Herstellung

Gib alle Zutaten in einen Mörser, mische alles gut durch und zerkleinere alles mit einem Pistill, bis alle Kräuter sehr fein zerkleinert sind.

Füge alsdann etwa 20 ml Wasser hinzu, und vermenge nochmals alles.

Forme nach Belieben kleine oder größere Kugeln.

Lass die entstandenen Kugeln etwa einen Tag trocknen.

Nun sind die Kugeln einsatzbereit. Du kannst diese jetzt in ein Räuchergefäß platzieren, und sie anzünden.

Bild 33 - © depositphotos - fotomem
Weihrauch - Aromatisches Harz

Bild 34 - © depositphotos - fotomem
Myrrhe - Aromatisches Harz

Bild 35 - © depositphotos - HeikeRau
Gtrocknete Wacholdernadeln und ein Zweig

Bild 36 - © depositphotos - 5PH
Getrockneter Salbei im Glas und frischer Salbei

Im Folgenden sind einige Beispiele für Räuchermischungen für spezielle Zwecke aufgeführt

Auflösung von Blockaden und negativen Emotionen

Mische Holunder, Nadeln des Wacholderstrauches, Beifuß, Campher und Weihrauch.

Räuchermischung für einen Neubeginn

In diese Räuchermischung gehören neben Lavendel auch etwas Menthol, Eisenkraut, Beifuß und Weihrauch.

Wenn Du Räuchermischungen verwendest, kannst Du fertige Räuchermischungen kaufen. Oftmals entfalten aber die selbst gesammelten und getrockneten Kräuter eine weitaus bessere Wirkung, insbesondere wenn hochwertige Ausgangsstoffe verwendet werden und die Kräuter vorschriftsmäßig gesammelt und getrocknet werden. Allerdings solltest Du Räuchermischungen nur selbst herstellen, wenn Du die entsprechenden Kräuter kennst und auch ausreichende Kenntnisse bzgl. Verarbeitung und Trocknung der Kräuter besitzt.

- ***Engelwurz*** - Eignet sich zur Beseitigung von Angstzuständen oder negativen Energien, die damit im Zusammenhang stehen.
- ***Beifuß*** - Desinfizierende Wirkung. Hilft sehr gut gegen Ängste sowie beim Loslassen von Altlasten und bei Ritualen zum Neubeginn.
- ***Eisenkraut*** - Verhilft zum Glück. Unterstützt Klarheit und Kreativität. Sorgt dafür, dass Du Dich an Deine Träume erinnerst.
- ***Fichtenharz*** - Wirkt desinfizierend und keimtötend. Beseitigt negative Energien nach einem Streit, bei Eifersucht oder bei Neid. Besonders gut eignet sich dieses Harz zur Hausreinigung, wenn Du in ein neues Zuhause einziehst.
- ***Lavendel*** - Wirkt desinfizierend und eignet sich zur Reinigung. Lavendel wirkt stark beruhigend und entspannend sowie schlaffördernd.
- ***Rosmarin*** - Eignet sich sehr gut, um negative Energien abzuwehren und Altes und unnötigen Ballast loszulassen. Darüber hinaus fördert Rosmarin die Kreativität, die Begeisterungsfähigkeit sowie die Konzentration. Kreislaufanregend und erfrischend. Unterstützt einen Neubeginn.
- ***Weißer Salbei*** - Besitzt eine sehr starke Reinigungswirkung, tötet Keime ab und wirkt desinfizierend. Negative Energien werden beseitigt, wodurch sich mehr Ruhe einstellen kann. Der Mensch lässt Stress nicht mehr an sich heran, ***„Durchatmen“*** und ***„freies Atmen“*** sind wieder möglich.
- ***Wacholder*** - Schutzpflanze gegen alles Negative schlechthin. Reinigende Wirkung auf die Atmosphäre, sorgt für eine gute Atmosphäre und verbannt ***„vergiftete“*** Stimmungen. Körper und Geist werden offen für visionäre Erfahrungen.

Welche Räuchermischung für Deine Rituale optimal ist, richtet sich nach dem Zweck und dem Ziel, das Du mit einer Räuchermischung verfolgen möchtest. Auch hängt die Wahl der Mischung davon ab, wo Du gerade stehst und welche Schwierigkeiten Du in Deinem Leben zu meistern hast bzw. ob Du gerade von seelischen oder mentalen Beschwerden heimgesucht wirst. Die Wahl der Räuchermischung ist also immer individuell und richtet sich nach den aktuellen Schwerpunkten in Deinem Leben.

Geht es Dir bspw. vornehmlich darum, negative Energien abzuwehren, benötigst Du eher Rosmarin, Fichte, Salbei und Wacholder sowie Weihrauch.

Darüber hinaus hängt es aber natürlich auch von Deinen ganz persönlichen Vorlieben ab, welche Räuchermischung Du anwenden möchtest. Die einzelnen Bestandteile einer Räuchermischung sollten Dir - unabhängig von Deiner Intention - persönlich guttun, Du solltest Dich bei der Räucherung wohl fühlen. Wenn Du ein Kraut oder eine Pflanze mit positiven Gefühlen verbindest, wird die entsprechende Wirkung bei einer Räucherung nochmals um ein Vielfaches positiver ausfallen.

Magische Kräuter und Pflanzen

Gemäß den Vorstellungen der Grünhexerei ist jede Pflanze ein Lebewesen mit Geist. Deshalb sollten Hexen mit Pflanzen nicht nur auf physischer, sondern auch auf spiritueller Ebene agieren.

Folgendermaßen kannst Du Pflanzen magisch einsetzen

- Achte darauf, ob Dir Pflanzen Zeichen geben.
- Sammle Blütenblätter für magische Tränke.
- Bestücke Amulette und Talismane mit Pflanzenmaterial.
- Füge Pflanzenmaterial auch zu Räuchermischungen oder Kerzenwachs hinzu.
- Verwende Pflanzen für heilenden Tee oder Umschläge.
- Presse Blumen in Deinem Buch der Schatten.

Pflanzen/ Kräuter werden seit Menschengedenken für magische Zwecke eingesetzt. Sie dienen dazu, Energien, die ihren Eigenschaften entsprechen, zu bündeln und zu verstärken. Auch können sie zur Herstellung magischer Öle, Tränke und Bäder verwendet werden. Wenn Du Deine Pflanzen/ Kräuter selbst anbaust, profitierst Du zudem davon, dass Du eine engere persönliche Verbindung zu ihnen herstellst, was ihre Wirkung verstärkt.

Falls Du Kräuter kaufst, solltest Du darauf achten, dass sie stark (angenehm) riechen und eine frische Farbe haben. Sie sollten außerdem nicht direktem Sonnenlicht ausgesetzt gewesen und nicht von Insekten angefressen sein.

Solltest Du Pflanzen in der freien Natur ernten, so achte darauf, dass Du keine geschützten Pflanzen pflückst. Stelle sicher, dass Du die Pflanzen korrekt identifizierst. Vermeide beim Pflücken feuchtes Wetter und ziehe am besten immer Handschuhe an. Idealerweise erntest Du blühende bzw. ausgewachsene Pflanzen. Verzichte auf das Ernten von Pflanzen an Stellen, wo chemische Pflanzenschutzmittel (Herbizide, Insektizide) eingesetzt werden. Auch Pflanzen, die anderen ungünstigen zivilisatorischen Einflüssen ausgesetzt sind, z. B. solche, die direkt neben Fabriken, an Straßenrändern, auf gespritzten Feldern oder Autobahnen wachsen, solltest Du links liegen lassen.

Wenn Du Pflanzen selbst anbauen möchtest, solltest Du Dich zuvor über ihre Bedürfnisse bzw. Bedingungen, die sie an ihren Standort stellen, schlaumachen. Braucht die entsprechende Pflanze viel Sonne oder bevorzugt sie eher Schatten? Wie viel Feuchtigkeit benötigt die Pflanze und welche sonstigen Faktoren müssen berücksichtigt werden? Natürlich solltest Du Deine Pflanzen gut hegen und pflegen, regelmäßig Unkraut jäten und chemische Pflanzschutzmittel möglichst sparsam einsetzen.

Was die Aufbewahrung getrockneter Pflanzen angeht, solltest Du saubere, dunkle Glasbehälter mit luftdichten Verschlüssen verwenden. Je nach Art der Pflanze sind diese getrocknet etwa ein Jahr (Pflanzen mit ätherischen Ölen als Inhaltsstoffen) bis zu etwa drei Jahren (Pflanzen mit vorwiegend Flavonoiden als Inhaltsstoffen) verwendbar.

Nachfolgend findest Du eine Liste wichtiger Pflanzen und ihre Wirkungen

Alraune	Reichtum, Schutz, Liebe. Achtung: Giftig!
Baldrian	Liebe, Reichtum, Erfolg, Inspiration. Hilft bei Nervosität, Bluthochdruck, Schlaflosigkeit.
Basilikum	Universalkraut für Reichtum, Erfolg, Frieden, Schutz, Freude, Reinigung, Entspannung, Liebe.
Beifuß	Öffnen des Geistes, Hellsehen. Entspannung, Schutz, Weihen.
Beinwell	Schutz, Reichtum. Äußerlich einsetzbar bei stumpfen Verletzungen.
Bergamotte	Schutz, Reichtum, Erfolg. Hilft bei Kopfschmerzen und Verstimmungen.
Damiana	Sexualität, Liebe. Hilfreich bei (leichten) Depressionen und Stimmungsschwankungen.
Dill	Glück, Entspannung, Reichtum. Leidenschaft, Schutz. Verdauungsbeschwerden, Blähungen.
Eisenkraut	Hellsehen, Schutz, Inspiration, Liebe, Frieden, Entspannung, Reichtum. Geeignet für Talismane.
Engelwurz	Reinigung. Hilft bei Verdauungsbeschwerden und Appetitlosigkeit.
Farn	Unsichtbarkeit

Fenchel	Liebe, Heilung, Schutz. Hilfreich bei Blähungen und Verdauungsproblemen sowie bei Magenschmerzen.
Frauenmantel	Heilung, Liebe. Unterstützend bei Frauenleiden (Menstruations- und Wechseljahrsbeschwerden) und Durchfall.
Gewürznelke	Schutz, Reinigung, Stärkung der mentalen Fähigkeiten. Geeignet für Talismane. Antiseptische Wirkung.
Helmkraut	Kreativität
Ingwer	Erfolg, Liebe, Reichtum. Gegen (Reise-)Übelkeit und Erbrechen. Entzündungshemmend und antioxidativ. Stärkt das Immunsystem. Hilfreich bei Erkältungen und grippalen Infekten.
Johanniskraut	Reichtum, Hellsehen, Schutz. Bei leichten Depressionen. Äußerlich bei diversen Hauterkrankungen einsetzbar.
Kamille	Reichtum, Frieden, Harmonie, Freude. Einsetzbar bei Störungen des Verdauungssystems, bei Magenschleimhautentzündung (Gastritis), bei Übelkeit und Erbrechen, bei Durchfall, bei Blähungen. Äußerlich einsetzbar zur Wundheilung. Zum Inhalieren bei Erkältungen.
Campher	Öffnen des Geistes, Hellsehen. Geeignet für Meditationen. Kreislaufanregend.

Katzenminze	Fruchtbarkeit, Sexualität. Hilft bei Erkältungen sowie bei Magenschmerzen sowie Magenkrämpfen.
Knoblauch	Schutz, Gesundheit, Reinigung. Reichtum. Beugt Erkältungen und grippalen Infekten vor. Senkt Bluthochdruck. Senkt einen zu hohen Cholesterinspiegel. Hilfreich bei Atherosklerose.
Kümmel	Schutz, Gesundheit. Geeignet für Amulette und Talismane. Hilfreich bei Blähungen und Verdauungsbeschwerden.
Lorbeer	Erfolg, Weisheit, Hellsehen, Schutz, Heilung.
Majoran	Freude, Schutz, Liebe. Hilfreich bei Verdauungsbeschwerden und Blähungen.
Minze	Reichtum, Liebe, Freude. Fruchtbarkeit, Reinigung, Erfolg. Gegen Kopfschmerzen (äußerlich, Minzöl in Alkohol aufgelöst). Bei Appetitlosigkeit, Verdauungsbeschwerden, Magenkrämpfen.
Moos	Geduld, Ausdauer, Hartnäckigkeit.
Muskatnuss	Stärkung übersinnlicher Fähigkeiten, Freude, Liebe, Reichtum. Gegen Übelkeit, Verdauungsbeschwerden (Überdosierung vermeiden).
Patchouli	Liebe, Sexualität. Gegen Depressionen.
Petersilie	Kraft, Stärke, Leidenschaft, Reinigung, Reichtum.

Pfeffer	Energie
Piment	Reichtum, Energie, Liebe, Gesundheit, Glück.
Ringelblume	Freude, Reichtum, Liebe, Stärkung übersinnlicher Fähigkeiten, Harmonie. Äußerlich bei Hautirritationen und zur besseren Wundheilung.
Rosmarin	Schutz, Stärkung des Gedächtnisses. Weisheit. Kreislaufanregend.
Salbei	Reinigung, Schutz, Weisheit. Langlebigkeit. Reichtum. Geeignet zum Räuchern. Hilfreich bei Erkältungen, insbesondere bei Halsschmerzen und -entzündungen. Bei Entzündungen des Mund- und Rachenbereichs. Bei übermäßiger Produktion von Schweiß.
Sandelholz	Glück, Erfolg, Heilung. Geeignet für Astralreisen. Bei Depressionen einsetzbar.
Schafgarbe	Mut, Liebe, Hellsehen. Bei Wunden und Hautausschlägen. Innerlich bei Magenbeschwerden (Magenschmerzen, Übelkeit, Magenkrämpfen) sowie bei Durchfall und Blähungen.
Thymian	Mut, Erfolg, Reichtum. Gegen Erkältungen und Bronchitis.
Vanille	Liebe. Geeignet für Talismane.
Weihrauch	Vertreibung negativer Energien. Glück, Erfolg, Heilung.

Wermut	Hellsehen, Liebe. Geeignet für Kommunikation mit Geistern. Bei Appetitmangel, Schwäche.
Ylang-Ylang	Liebe, Sexualität. Gegen Verstimmungen.
Zimt	Reichtum, Erfolg, Vitalität, Liebe, Reinigung. Geeignet für Talismane.

Bäume

Die Verehrung von Bäumen stammt aus dem Druidentum, jedoch galten manche Bäume auch schon bei den Griechen und Kelten als heilig. Allgemein stehen sie für ***Stabilität*** und ***Beständigkeit***.

Hexen arbeiten üblicherweise eher mit kleineren Pflanzen, sie beziehen jedoch auch Bäume in ihre Rituale mit ein. So sind Zauberstäbe traditionell aus Holz gefertigt. Zweige oder Astscheiben können Bestandteile von Amuletten sein.

Die folgende Tabelle zeigt die wichtigsten Baumarten und deren magischen Nutzen

Ahorn	Liebe, Reichtum, Vitalität.
Apfelbaum	Liebe, Langlebigkeit, Kreativität, Fruchtbarkeit.
Birke	Reinigung, Schutz. Geeignet für die Herstellung von Besen.
Eberesche	Schutz, Stärkung übersinnlicher Fähigkeiten, Wahrsagerei. Heilung, Kreativität.
Eiche	Stärke, Mut, Langlebigkeit, Schutz, Liebe. Geeignet zum Räuchern (Entspannung).
Esche	Stärke, Intellekt, Schutz, Harmonie.
Haselnuss	Weisheit, Glück, Fruchtbarkeit.
Heckenkirsche	Übersinnliche Wahrnehmung. Harmonie, Heilung, Reichtum.
Holunder	Schutz, Reichtum, Heilung. Hilfreich bei Erkältungen und bei Verstopfung.
Kiefer	Reinigung, Heilung, Reichtum, Schutz.

Pappel	Reichtum, Reinigung.
Weide	Liebe, Gelassenheit, Intuition. Harmonie, Schutz, Wachstum, Heilung. Geeignet für Zauberstäbe.
Weißdorn	Fruchtbarkeit, Harmonie, Freude, Schutz.
Zaubernuss	Schutz, Heilung, Frieden. Gegen Schwellungen und Wunden.
Zeder	Heilung, Spiritualität, Reinigung, Schutz, Reichtum, Harmonie.

Achtung: Wenn Du von einem Baum oder Strauch etwas abschneiden möchtest, so bitte diesen zunächst um Erlaubnis. Auf dem Boden liegende Zweige mitzunehmen, scheint zwar die bequemere Variante zu sein, allerdings enthalten diese Zweige meist weniger wertvolle Energie.

Wenn Du Früchte und Beeren von Bäumen oder Sträuchern ernten möchtest, so achte darauf, dass sie reif, jedoch nicht überreif sind. Trockne sie im einmal erwärmten Ofen und bewahre sie alsdann an einem trockenen, dunklen Ort auf.

Blumen

Blumen können ähnlich vielseitig wie Kräuter verwendet werden.

Du kannst

- Amulette oder Talismane damit bestücken.
- Diese in Kerzen verarbeiten.
- Sie zu ätherischen Ölen verarbeiten. (Nicht alle Blüten enthalten jedoch ätherische Öle, auch ist die Destillation zur Gewinnung von ätherischen Ölen recht aufwendig).
- Diese als Tee aufbrühen.
- Mit ihnen Deinen Altar dekorieren.

Frische Blüten sind hierbei eher für Zauber und Rituale geeignet, getrocknete für die Verwendung in Amuletten, Talismanen oder Kerzen.

Nachfolgend findest Du eine Übersicht zu einigen wichtigen Blüten sowie deren Eigenschaften

Flieder	Schutz
Gänseblümchen	Liebe
Gardenie	Gelassenheit, Harmonie, Liebe, Heilung. Geeignet für Talismane (Liebeszauber).
Geranie	Rot: Schutz. Rosa: Fruchtbarkeit, Liebe, Heilung.
Hyazinthe	Liebe, Freude, Schutz.
Jasmin	Liebe, Spiritualität, Harmonie, Reichtum.
Lavendel	Frieden, Gelassenheit, Liebe, Reinigung, Heilung. Gegen Stress, Unruhe, Gedankenkreisen und Anspannung.
Lilie	Schutz
Löwenmäulchen	Schutz
Maiglöckchen	Konzentration, Steigerung mentaler Fähigkeiten.
Mohnblume	Fruchtbarkeit, Reichtum, Liebe, Schlaf, Unsichtbarkeit.
Narzisse	Liebe, Glück, Fruchtbarkeit.

Nelke	Schutz, Stärke, Energie, Glück, Heilung.
Rose	Liebe, Heilung, Weissagung, Harmonie, Frieden.
Schwertlilie	Reinigung, Segnung, Weisheit, Liebe.
Sonnenblume	Freude, Erfolg, Gesundheit, Fruchtbarkeit.
Stiefmütterchen	Liebe, Weissagung, Freude.
Tulpe	Reichtum, Liebe, Freude.
Veilchen	Liebe, Frieden, Hoffnung, Balance, Glück, Fruchtbarkeit.

Ernte Blumen, indem Du sie fünf Zentimeter über dem Boden abschneidest. Binde fünf bis zehn Blumen zusammen und hänge sie kopfüber zum Trocknen auf. Nach dem Trocknen kannst Du sie über ein Blatt Papier reiben und die sich lösenden Blätter, Stängel, Blüten und Samen in einen Glasbehälter füllen.

Erde und Schmutz

Die Natur ist Dein Freund. Außerdem kannst Du Erde, die natürlich das Erdelement repräsentiert, für Rituale einsetzen. Achte hierbei auch darauf, dass es verschiedene Arten von Erde gibt, die verschiedene Wirkungen aufweisen: Als verschiedene Erdarten seien die Erde in Deiner Umgebung genannt, Erde von einem heiligen Ort, Erde von einem Berg, Sand vom Strand usw.

Die Art von Energie, mit der die Erde aufgeladen ist, spielt eine wichtige Rolle - beispielsweise kannst Du Erde vom Grab eines verstorbenen Verwandten dazu nutzen, Dir Schutz von Deinen Vorfahren zu erbitten.

Farben

Deine Ritualwerkzeuge (z. B. Altartuch oder Kerzen) können verschiedene Farben haben - den Farben werden hierbei unterschiedliche Wirkungen zugeschrieben.

Übersicht über Farben und deren magische Bedeutung

- ***Weiß*** Heilung, Glauben.
- ***Rot*** Kampf, Entfachen von Leidenschaften, Mut, Veränderung.
- ***Gelb*** Lebensfreude, Freundschaft.
- ***Grün*** Reichtum (Geldzauber), Gesundheit, Fruchtbarkeit.
- ***Blau*** Erfolg im Beruf, Schutz, Klarheit.
- ***Rosa*** Liebe (Liebeszauber).
- ***Lila*** Heilung, Spiritualität.
- ***Schwarz*** Meditation, Stabilisierung.

Runen

Odin erlangt das Wissen um die Bedeutung der einzelnen Runen, indem er sie bereist. Jedes Runensymbol bezeichnet eine Ur-Kraft oder einen Archetyp, der an der Schöpfung beteiligt ist. Du findest daher Analogien zu jeder Rune auch in Deinem Leben und in der Natur in Pflanzen, in anderen Lebewesen und Steinen. Es gibt astrologische und numerologische Entsprechungen sowie zugehörige schöpferische Prinzipien und Gottheiten. Jede Rune hat einen eigenen Charakter, ein eigenes Temperament, eine eigene Energie und eine eigene mystische Bedeutung. Die Runen dienen deshalb gleichermaßen dem Orakeln und Weissagen - wie sie bei magischem Wirken und zu Heilzwecken zum Einsatz kommen, in Zaubersprüchen eingesetzt werden oder die Energie Deiner Ritual-Instrumente verstärken.

Die Runen des 24-er ***Futhark*** bergen die Magie und die Kräfte der nordischen Mysterien. Sie sind vielseitig einsetzbar, wobei ihre Kraft mit den Fähigkeiten des Menschen steigt. Sie sind ein Einweihungsweg: Odin erhält seine Initiation durch die Runen, als er kopfüber am (Welten-)Baum hängt. Er begibt sich in die Sphären des Unbewussten, die Ebene der unsichtbaren Kräfte, und erfährt diese Rune für Rune.

Als ***Futhark*** bezeichnet man die gemeingermanische Runenreihe und die aus ihr hervorgegangenen Variationen. Da die Reihenfolge der Runen seit den frühesten Zeugnissen in der Form überliefert ist und sich von der Reihenfolge des Alphabets (ABC) unterscheidet, dienen die ersten sechs Runen (ᚠᚢᚦᚨᚱᚲ, F-U-Þ-A-R-K) traditionell als Benennung der Runenreihe.

Dabei durchreist Odin drei Welten: Die 24 Runen unterteilen sich in drei Aette für die obere Welt, die mittlere Welt und die untere Welt - oder die himmlische Sphäre, die irdische Sphäre und die der Unterwelt, bzw. das Überbewusstsein, das Bewusstsein und das Unterbewusstsein:

Freyrs-Aett - Asgard - Runen des Freyr - Reich der Götter

Hagalz-Aett - Mitgard - Runen des Odin - Welt der Menschen

Tyrs-Aett - Utgard - Runen des Tyr - Unterwelt, Ursprungswelt

Aett stammt wie ***Aettir*** aus dem Nordgermanischen und bedeutet etwa Sippe oder Clan. Aett ist in Anlehnung daran die Bezeichnung für die drei Runengruppen bzw. die zusammengehörigen Runen, gelegentlich werden sie auch noch als Aettir oder Aettire statt Aett und Aette bezeichnet. Die Unterschiede ergeben sich aus verschiedenen alten Dialekten im Nordgermanischen - Die einzelnen Clans waren weit verteilt und hatten unterschiedliche Bräuche.

Als Hexe fertigst Du Deine Runen bevorzugt selbst. Hierzu verwendest Du Edelsteine, eventuell auch Kieselsteine oder Holz. Gehe bei der Auswahl der Steine oder der Holzart mit Bedacht vor, denn den Steinen und Hölzern wohnt von Natur aus bereits eine bestimmte Energie inne. Deshalb ist es erforderlich, sich zunächst von Grund auf mit magischen Korrespondenzen zu befassen. Lerne und erlebe, was die verschiedenen Pflanzen, Bäume und Steine prägt und welche analogen Schlüsse Du daraus ziehen kannst.

Du gewinnst dadurch einen tieferen Einblick in die Mysterien der Natur und des Lebens. - Auf diese Weise kannst Du intensiver daran teilhaben, die Schwingungen des Außen auch in Dir selbst entdecken und erwecken. So entwickelst Du Dich innerlich mit der gewonnenen Erkenntnis. Erstaunliches kann Dir bewusst werden, wenn Du Dich dem unsichtbaren Leben der Natur öffnest und in Harmonie mit ihm schwingst.

Bis dahin ist es aber ein gutes Stück Weg. Bist Du unschlüssig, fertige Deine ersten Runen einfach aus Ton an. Unabhängig davon, wie und woher Du Deine Runen letztendlich beziehst, musst Du diese weihen und laden.

Das dient einerseits dazu, eine persönliche Verbindung zwischen Dir und den Runen herzustellen, die schließlich in Deinem Sinne wirken sollen, andererseits verstärkt das ihre Energie. Der Grund für das selbst Fertigen der Runen liegt unter anderem darin, dass schon bei der Herstellung eine energetische Verbindung durch Dich einfließt und Du Dich beim Ritzen oder Zeichnen der Symbole bereits mit jedem einzelnen auseinandersetzen kannst.

Möchtest Du die Runen divinatorisch (vorahnend, seherisch) nutzen, hast Du mehrere Möglichkeiten. Ziehe eine Tagesrune, die Dir verrät, welche Schwingung den Tag bestimmt und worauf Du Deine Aufmerksamkeit richten solltest.

Die Tagesrune bietet auch eine Möglichkeit, sich intensiv mit der Bedeutung der einzelnen Runen zu befassen, indem sie Dir ihre Mysterien offenbart: Theoretisches Wissen über die Bedeutung der einzelnen Runen ist wichtig und hilfreich, ersetzt aber niemals das eigene Erleben, die tatsächliche Erkenntnis und den initiatorischen Einweihungsweg.

Mit dem Ziehen einer Tagesrune kannst Du Dich ganz auf deren Schwingung konzentrieren. Schau Dich in der Umgebung um, wo sie sich Dir offenbart, wo vielleicht gar ihr Zeichen zu sehen ist. Erspüre die Energie der Rune und ihre Macht, wo und wie sich im Außen manifestiert. Höre und fühle in Dich selbst hinein. Schwingt die Rune auch in Dir?

Eine Tagesrune kannst Du zudem nutzen, um zu erfahren, welche magische Kraft Dich durch den Tag begleitet oder um eine bestimmte Herausforderung zu meistern.

Nutzt Du die Runen zur Weissagung, sind gezielte Fragen möglich. Breite die Runen auf einem Tuch - vielleicht auf Deinem Altartuch - oder auf einem gereinigten Tisch aus.

Die Zeichen sind verdeckt, zeigen nach unten. Nun ziehe, indem Du Dich auf Deine Frage konzentrierst und um Antwort bittest, eine oder mehrere Runen.

Die Anzahl leitet sich aus dem verwendeten Divinations- oder Legesystem und der Art der Frage ab. Für eine einfache Weissagung ziehe drei Runen und lege diese von links nach rechts in einer Reihe aus. Die linke Rune zeigt die Vergangenheit, die mittlere die Gegenwart, die rechte die Zukunft. Daneben gibt es komplexere Legesysteme, aus denen sich detailliertere Informationen ableiten lassen.

Nutzt Du die Runen für Deinen persönlichen Einweihungsweg, beginne ähnlich dem Vorgehen mit den Tagesrunen bei der ersten Rune des Futharks und arbeite Dich der Reihe nach durch die drei ***Aette***. Es bleibt Dir überlassen, wie viel Zeit Du Dir für jede Rune nimmst. Achte in diesem Zeitraum auf alles, was Dir die Rune zu sagen hat, gehe aufmerksam durch den Tag, öffne Deine Wahrnehmung, nimm Deine Träume, Gedanken und Gefühle wahr, meditiere über die Rune. Gib Dich der Rune hin, lass Dich von ihr leiten, erlebe ihre Kraft und erlange höhere Erkenntnis.

Divinationen, **Orakel** und **Weissagungen** sind sakrale magische Handlungen, bei denen Du Kontakt zu unsichtbaren Daseinsebenen und anderen Dimensionen aufnimmst sowie mit den Wesenheiten, welche die von archetypischen Kräften durchzogenen Welten beleben. Eine solche magische Handlung bedarf immer einer sorgfältigen Vorbereitung: Innere und äußere Reinigung sowie das Versetzen in einen Zustand, in dem Du Dich den Runen öffnest. Jede Arbeit mit den Runen ist daher ebenfalls ein Ritual.

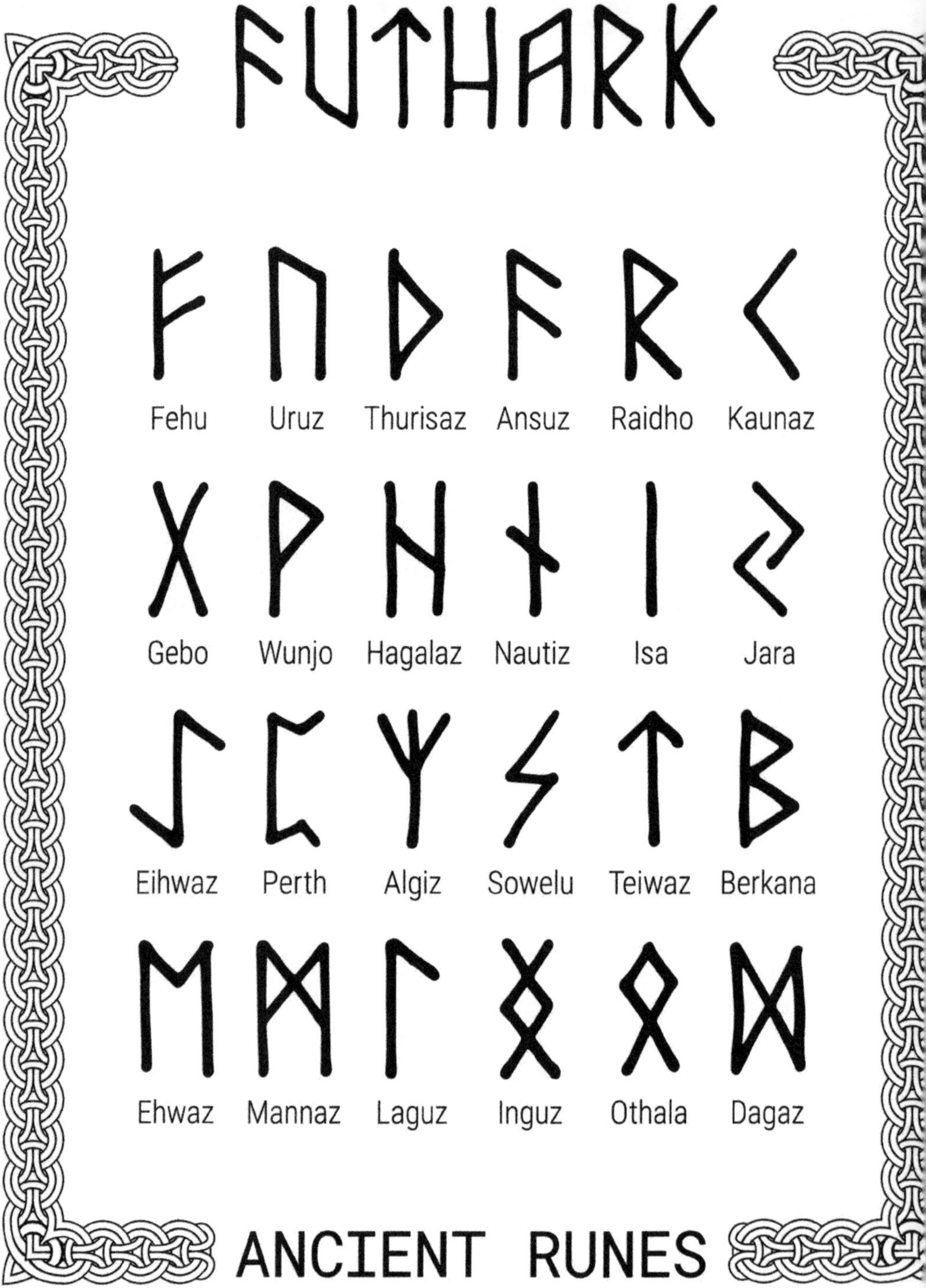

Bild 37 - © depositphotos - Jut
Das Runenalphabet

Bild 38 - © depositphotos - Dr.PAS
Die 4 Elemente - Luft, Feuer, Wasser, Erde

Die Elemente und der Schutzkreis

Endlich war Isabell im Wald und hat von dort Eschenrinde mitgebracht. Nun kann sie das Ritual mit der Rinde und dem Obsidian wirken. Zum Glück hat sie auch bereits alles Nötige für die Dekoration des Altars im Esoterikladen besorgt.

Ihren Altar - eine kleine Kommode - deckt sie mit einem dunkelblauen Tuch, auf das goldene Sterne und Planeten gestickt sind. Darauf wiederum platziert sie eine blaue Kerze, ihren Kelch, ihren Zauberstab, einen kleinen Kessel und schließlich den Obsidian.

Jetzt kann sie es endlich wirken, das Ritual, das sie sich bereits vor Wochen ausgesucht hatte. Isabell meditiert kurz und beginnt dann, im Kreis herumzugehen. Dabei murmelt sie die Zauberformel vor sich hin. Zuerst spürt sie keine Veränderung, ihr wird nur ein wenig warm vom vielen Im-Kreis-Gehen. Sie legt ihren Umhang ab.

Plötzlich spürt sie eine fremde Präsenz im Raum. Ist es eine Göttin, die ihr zu Hilfe kommen möchte? Aufgeregt geht Isabell noch schneller und murmelt noch eindringlicher.

Doch je länger sie geht und murmelt, desto schwächer fühlt sie sich. Irgendwie wirkt die Luft auch etwas drückend. Sie fühlt bald keine magische Kraft mehr in den Adern. Kurz entschlossen geht sie zum großen Fenster und öffnet es. Doch, oh - sie spürt förmlich, wie nun auch die letzte Energie aus dem Körper und zum Fenster hinaus entweicht. Undeutlich meint sie auch einen Schemen - die Präsenz? - an sich vorbeihuschen zu sehen. Was ist nur passiert?

Der Schutzkreis ist eine Art ***nicht-physischer Tempel***, in dem Rituale ausgeführt werden können - ein Ort zwischen zwei Welten, an dem Göttinnen und Götter getroffen werden können. Er wurde bereits vor Jahrtausenden verwendet, etwa in der babylonischen und indianischen Magie, sowie in der Hochmagie des Mittelalters. In der Hochmagie hatte der Schutzkreis den Zweck, die HexerInnen vor dem zu schützen, was sie außerhalb des Kreises erschufen bzw. heraufbeschworen. In der modernen Hexerei dient der Schutzkreis als heiliger Raum, in dem sich Menschen und Göttinnen bzw. Götter begegnen können. Er sorgt dafür, dass sich die Energie der Hexe nicht verflüchtigt, und schützt vor störenden Energien.

So erschaffst Du einen Schutzkreis

Stell Dir einfach vor, wie Deine Energie aus Deinem Körper fließt und sich um Dich herum verdichtet. Insofern solltest Du Dir den Schutzkreis gar nicht als Kreis, sondern eher als dreidimensionale Schutzsphäre vorstellen. Dort, wo die Sphäre den Boden berührt, kannst Du eine Schnur hinlegen oder einen Kreidekreis ziehen. Du kannst auch Objekte um den Schutzkreis arrangieren, etwa Blumen, Zweige, Steine, Muscheln, Quarzkristalle oder Tarotkarten. Üblicherweise hat der Kreis einen Durchmesser von etwa 2-3 Metern; die einzelnen Himmelsrichtungen kannst Du mit Kerzen oder mit Ritualobjekten markieren.

Im **Norden** können das Pentakel und eine Schale mit Salz oder Erde platziert werden. Diese Himmelsrichtung wird mit Stabilität und Fruchtbarkeit assoziiert.

Das Räuchergefäß mit dem schwelenden Räucherwerk kannst Du im **Osten** aufstellen. Der Osten symbolisiert die Luft, die für Geist, Kommunikation und Weissagung steht.

Der **Süden** repräsentiert das Feuer, das Element der Transformation, der Leidenschaft, des Erfolgs und der Stärke. Er kann mit einer Kerze markiert werden.

Im **Westen** kannst Du eine Tasse oder Schüssel mit Wasser platzieren. Wasser steht für Emotionen, Hellsehen und Liebe.

Während Du anschließend im Inneren des Schutzkreises ein Ritual wirkst, kann es Dir vorkommen, als würde sich die Luft verdichten und wärmer werden - dies ist ein Zeichen dafür, dass hier nun andere Energien vorherrschen. Der Altar kann in die Mitte des Kreises gestellt werden oder in eine der Himmelsrichtungen. Die Objekte, die Du zum Zaubern verwenden möchtest, sollten sich bereits ***vor*** Beginn des Rituals im Schutzkreis bzw. unter dem Altar befinden. Sei Dir jedoch stets bewusst, dass Du beim Gestalten Deines Altars Deiner Fantasie freien Lauf lassen kannst und dass der Altar Deine Persönlichkeit bzw. das Wesen des jeweiligen Rituals widerspiegeln soll.

In ähnlicher Weise kannst Du auch einen Bannkreis errichten, mit dem Du positive Energien aufbauen kannst. Beginne dabei an der oberen Spitze und zeichne das Pentagramm entgegen dem Uhrzeigersinn. Auch wenn Du negative Energien bannen möchtest, zeichne das Pentagramm entgegen dem Uhrzeigersinn.

Die Elemente

Erde

Schon in frühen Kulturen hat man der Erde Opfer dargebracht, etwa Brot oder Honigwein. Zuweilen vergrub man in der Erde auch Gegenstände, um für eine reiche Ernte zu sorgen. In vielen Mythen wird auch der Mensch selbst aus Erde geformt.

Die grundlegenden Eigenschaften des Elements Erde sind ***Stabilität, Sicherheit*** und ***Geduld***. Die Erde ist dem Norden, dem Winter und der Nacht zugeordnet. Sollte Dein Zauber also eine gewisse Ausdauer und Beständigkeit erfordern, lohnt es sich, die Erdenergie anzuzapfen. Insbesondere hilft Erdenergie bei allen Zaubern in Verbindung mit Geld und Fruchtbarkeit.

Luft

Luft ist das flüchtigste und wechselhafteste Element. Sie wird dem Osten, dem Frühling sowie dem Morgen zugeordnet. Du kannst die Luft als Verbreiterin und als ***„Rückenwind“*** für Deine Zauber verwenden. Luft repräsentiert den Verstand und den Geist eines Menschen. Die Eigenschaften des Elements Luft sind ***Flexibilität, Wechselhaftigkeit, Intellekt*** und ***Objektivität***.

Wenn Dein Zauber viel Bewegung erfordert oder wenn dieser besonders dringend ist, ist Luft Dein Element. Du kannst die Luft auch nutzen, um Verbindung mit Geistern und anderen nicht-physischen Wesen herzustellen.

Feuer

Ein Feuer zu entzünden, war für unsere Vorfahren die einzige Möglichkeit, die Dunkelheit zu erhellen. Deshalb bringen Hexen dieses Element mit ***Klarheit*** und ***Erleuchtung*** in Verbindung. Aber auch ***Inspiration, Mut*** und ***Begeisterung*** sind wichtige Eigenschaften. Feuer wird dem Mittag und dem Sommer zugeordnet.

Feuerenergie bewegt sich schnell und lässt sich nur schwer kontrollieren. Nutze sie daher als ***„Zündung"*** oder ***„Beschleuniger"*** für Deine Zauber. Auch wenn Dein Zauber eine Erneuerung in einem bestimmten Bereich bewirken soll, ist das Feuerelement eine gute Wahl. Es eignet sich auch gut für Reinigungszauber und für Divination.

Wasser

Wasser ist sowohl das Element der ***Entwicklung*** und ***Bewegung*** als auch das der ***Reinigung*** und ***Heilung***. Zudem repräsentiert Wasser ***Intuition*** und ***Emotion***. Du hast bestimmt schon gehört, dass Wasser ein mächtiges Traumsymbol ist und dass es für unser Unterbewusstsein steht. Kein Element steht so direkt mit Spiritualität in Verbindung wie das Wasser. Es wird dem Westen und dem Nachmittag zugeordnet.

Wasser eignet sich hervorragend für Entwicklungs- und Vermehrungszauber, ebenso für Zauber, die etwas in Bewegung bringen sollen. Viele Hexen nehmen vor dem Zaubern auch ein rituelles Bad oder reinigen ihre magischen Utensilien in Wasser.

Was ist dein Kraftelement?

Entsprechend ihrem persönlichen Temperament hat jede Hexe ein Element, das am besten zu ihr passt. Zauber, die dieses Element verwenden, wirken besonders gut.

Wie kannst Du herausfinden, welches Dein Element ist? Versuche, Dich für längere Zeit in der Nähe verschiedener Elemente aufzuhalten. Setze Dich zum Beispiel an einen Fluß oder ans Meer, vor den Kamin, vor ein frisch umgegrabenes Beet oder gehe auf einem windumtosten Berg wandern. Fühle in Dich hinein, wie die Elemente auf Dich wirken.

Mondzauber

Eine der wichtigsten spirituellen Verbindungen ist die zum Mond. Nicht ohne Grund wurde der Himmelskörper bereits von den alten Griechen, Römern, Ägyptern, aber auch von den Chinesen und von Völkern in Lateinamerika verehrt.

Der Mond steuert ***Ebbe und Flut***, beeinflusst ***Wetter*** und ***Pflanzenwachstum***. Deshalb ist er auch eng mit dem ***Element Wasser*** verbunden, über das Du im vorigen Kapitel schon Einiges erfahren hast. Viele, nicht nur spirituelle Menschen, sind zudem überzeugt, dass der Mond sich auf unsere ***Stimmung und unser Verhalten*** auswirkt. Vielleicht konntest Du selbst schon einmal in einer Vollmondnacht nicht schlafen oder hattest wilde Träume? Viele Tiere werden auch vom Mond beeinflusst - Katzen etwa sind bei Vollmond deutlich rolliger.

Beginne von nun an, mehr auf die ***Mondphasen*** zu achten und die Energie des Mondes für Dich zu nutzen. Gehe bspw. nachts, wenn der Mond sich zeigt, nach draußen und betrachte diesen ein wenig und lass seinen silbernen Schein auf Dich wirken. Beobachte, wie sich die Mondphasen auf Dich persönlich auswirken. Wie fühlst Du Dich bei Vollmond, wie bei Neumond? Spürst Du es, wenn der Mond in ein neues Sternzeichen wechselt? - dies passiert alle zwei bis drei Tage.

Dein Buch der Schatten eignet sich bestens dafür, Deine Beobachtungen festzuhalten.

Du kannst auch Deine magischen Tätigkeiten auf die jeweiligen Mondphasen abstimmen: Der ***Neumond*** unterstützt ***Anfänge aller Art***. Da der Mond Wasser aus dem Boden heraufzieht, ist in dieser Phase auch die Erde am fruchtbarsten; Samen gehen auf, Pflanzen gedeihen. Vielleicht bist Du ja auf der Suche nach einem neuen Job oder einer neuen Beziehung? Dann plane ein dazu passendes Ritual und führe es an Neumond durch.

Der ***zunehmende Mond*** fördert passenderweise ***Wachstum und Ausbreitung***. Wenn Du etwa mehr Aufträge im Beruf bekommen willst oder wenn Du einfach nur möchtest, dass Deine Pflanzen besser gedeihen, dann plane Dein Ritual in dieser Mondphase. Es ist die beste Phase, um positive Themen anzuziehen.

Der ***Vollmond*** steht für ***Vollendung und Abschluss***. Mit ihm sind die stärksten Kräfte verbunden, Du kannst in dieser Phase mächtige Zauber wirken. Du möchtest endlich ein Projekt beenden, das Du schon so lange mit Dir trägst? Dann wirke Deinen Zauber während des Vollmonds. Vollmondzauber sind auch nützlich, wenn Du Dich bei einer bestimmten Sache mehr in den Mittelpunkt rücken und mehr Aufmerksamkeit erhalten möchtest. Das Licht des Vollmonds erlaubt Dir außerdem, Wahrheiten zu erkennen und Dinge zu durchleuchten.

Der ***abnehmende Mond*** unterstützt Reduzierung. Dies ist ideal, wenn Du zum Beispiel Pfunde verlieren oder Deine Ausgaben senken möchtest. Auch wenn Du etwas aus Deinem Leben verbannen möchtest, solltest Du Deinen Zauber in der Phase des abnehmenden Monds wirken.

Manche Hexen sind auch der Ansicht, dass es wichtig ist, in welchem ***Tierkreiszeichen*** der Mond jeweils steht. Solltest Du Dich für Astrologie interessieren oder den Wunsch hegen, eine Kosmische Hexe (siehe Kapitel ***„Verschiedene Arten der Magie"***) zu werden, so eigne Dir hierzu spezifische Kenntnisse an.

Einfacher Vollmondzauber

Einen ganz einfachen Vollmondzauber möchte ich Dir hier vorstellen: Stelle in der Vollmondnacht eine Schale mit Wasser nach draußen. Mit diesem Wasser kannst Du Dich selbst oder Ritualwerkzeuge waschen, um von der Energie des Mondes durchdrungen zu werden. Wenn Du dagegen etwas loswerden möchtest, stelle Dich vor die Schale und halte die Hände mit den Fingerspitzen in Richtung Wasser darüber. Stelle Dir vor, wie das, was Du energetisch abgeben möchtest, von den Fingerspitzen aus ins Wasser fließt.

Natürlich gibt es auch noch komplexere Rituale. Wicca zelebrieren bspw. ein Ritual, bei dem der Mond, also die Energie der Göttin, in den Körper einer Hexe ***„hinuntergezogen"*** wird. Dieses Ritual wird jedoch meist innerhalb eines Hexenzirkels begangen und erfordert bereits fortgeschrittene Hexerei-Erfahrung.

Amulette und Talismane

Amulette

Ein Amulett dient dem ***Schutz*** und der ***Vorsorge***. Es wehrt negative Magie ab und schützt vor gefährlichen Situationen. Seit jeher wurden etwa Pflanzen, Steine und Metallgegenstände als Amulette verwendet. Beliebt war in Europa in früheren Zeiten bspw. der ***„Hühnergott"*** - hierbei handelte es sich um einen mit einem Loch versehenen Feuerstein. In diesem Loch sollten böse Geister hängenbleiben bzw. sollten schlechte Energien durch dieses entweichen. Noch heute kannst Du bisweilen solche klassischen Amulette mit einem Loch in der Mitte finden.

Du kannst ein Amulett nicht nur als Schmuck tragen, sondern es auch neben Wertsachen platzieren, auf eine Fensterbank legen oder in den Garten hängen. Auch Edelsteine und Kristalle kannst Du als Amulette verwenden. Die jeweilige Form und der Fundort können für die Wahl eines Amuletts eine große Rolle spielen.

Das Pentagramm, insbesondere wenn es von einem Kreis umschlossen ist, wird auch als Symbol für Amulette verwendet und ***Pentakel*** genannt. Traditionell schützt es gegen Albträume und böse Geister.

Folgende Symbole sind bei Amuletten beliebt

Das ***Yin-Yang-Symbol*** steht für Ausgleich und Harmonie. Wenn die Dinge im Außen oder aber in Dir selbst wieder ins Lot kommen sollen, kannst Du dieses Symbol als Amulett tragen.

Das ***Hexagramm***, der sechszackige Stern (auch Davidstern), gibt Dir mehr Energie. Du kannst das Hexagramm in einer Krise tragen oder aber auch zur Stabilisierung einer Situation, die so bleiben soll.

Das ***Ankh***, ein altes ägyptisches Zeichen, ist ein Symbol der Unsterblichkeit. Wenn Deine Ideen oder ein Plan im Außen Früchte tragen sollen, dann verwende dieses Symbol.

Auch das christliche ***Kreuz*** kannst Du als Amulett verwenden. Es bewahrt vor Unheil und Unglück und soll Schutz bringen.

Der ***Siebenstern*** dagegen lockt Dinge an, nämlich hilfreiche Geister und Energien. Im Christentum symbolisiert der Siebenstern die sieben Tage der Schöpfung.

Tiersymbole schließlich gibt es in Hülle und Fülle. Zu den bekanntesten zählen die ***Eule*** (Weisheit), der ***Fisch*** (Glück, Reichtum), der ***Frosch*** (Fruchtbarkeit), die ***Katze*** (Schutz), die ***Schlange*** (Heilung) und der ***Skarabäus*** (Energie).

Du kannst auch andere, unbekanntere Symbole verwenden, oder sogar ein Symbol, das Du selbst kreiert hast. Wichtig ist, dass Dir das Symbol persönlich etwas bedeutet und dass Du es mit Deiner Energie auflädst.

Möchtest Du selbst ein Amulett herstellen? Lege alle zur Herstellung nötigen Bestandteile bereit, reinige diese und ziehe einen Kreis. Präpariere dann zunächst den wichtigsten Bestandteil. Dazu kannst Du auch Mantras oder Beschwörungen sprechen.

Hast Du einige lose Bestandteile (etwa Kräuter oder Zettel), kannst Du ein Stoffbeutelchen verwenden und die Bestandteile mit absteigender Wichtigkeit in das Beutelchen legen. Knote den Beutel anschließend drei Mal zu, um ihn zu versiegeln. Danach solltest Du den Beutel nicht mehr öffnen, bis Du ihn verwendest. Streue dann seinen Inhalt vorzugsweise draußen in den Wind.

Ein Amulett muss durch ein äußeres Ereignis aktiviert werden, um wirken zu können. Mit der Zeit verblasst die Energiesubstanz allmählich. Gleichsam einer gewöhnlichen Batterie, die entladen wird, verliert auch das Amulett seine Energie. Daher ist es notwendig, dass von Zeit zu Zeit eine Reinigungsprozedur durchgeführt wird und das Amulett anschließend neu aufgeladen wird.

Talismane

Im Gegensatz zu Amuletten dienen Talismane nur dazu, etwas ***anzuziehen***. Ein ***Talisman*** (Plural: ***Talismane***) ist ein kleiner Gegenstand oder ein Erinnerungsstück, dem zauberkräftige, Glück bringende Eigenschaften zugeschrieben werden. Damit unterscheidet er sich vom Amulett, das darüber hinaus auch zur Abwehr von Unheil eingesetzt wird.

Die Energie eines Talismans ist viel stärker, wenn Du diesen selbst herstellst. Bereits vor Jahrhunderten trugen Frauen Anhänger mit der Haarsträhne eines Geliebten darin, um diesen auf magische Weise dazu zu bewegen, sich ihnen zu nähern.

Nicht nur ***Edelsteine*** und ***Kristalle*** sind als Talismane denkbar, sondern auch **Beutelchen** und ***Holzschachteln***, in die Du verschiedene Dinge hineintun kannst, die zu dem passen, was Du Dir ersehnst. Optimal ist es natürlich, wenn diese Sachen für Dich auch eine persönliche Bedeutung haben. Gemeinhin sind auch vierblättriger Klee, Hufeisen, Würfel und Pfennigstücke als Talismane bekannt.

Wenn Du selbst einen Talisman herstellen möchtest, ist die zunehmende Mondphase die beste Zeit dafür.

Doch auch ***Fundstücke*** können Talismane sein - etwa Steine oder Baumfrüchte. Sobald Du diese in Deine Tasche steckst und darüberstreichst, laden sie sich mit Deiner positiven Energie auf und sind damit bestens als Talismane geeignet.

Da ein Talisman aktiv Energie aussendet, schwindet seine Energie schneller als die eines Amuletts. Um ihn wieder aufzuladen, kannst Du ihn etwa mit ätherischem Öl betupfen.

Zauber

Isabell weiß jetzt, dass ihr Kraftelement Luft ist - das hat sie beim letzten, leider missglückten, Ritual herausgefunden. Sie weiß auch, dass sie den Mond faszinierend findet und dass dieser ihre Stimmungen beeinflusst.

Deshalb möchte sie ein Vollmondritual durchführen. Das Ziel soll sein, einen Mann in ihr Leben zu bringen, der in jeder Hinsicht perfekt für sie ist. Denn zwischen Arbeit, Hexerei und diversen anderen Verpflichtungen bleibt nicht viel Zeit fürs Daten.

Sie schreibt sämtliche Eigenschaften, die ihr an einem Mann gefallen, auf einen Zettel: Klug soll er natürlich sein, humorvoll, einfühlsam, spirituell. Auch einen Hauch exzentrisch darf er sein. Isabell hat in einem Buch gelesen, dass Hexen in Asien häufig ihre Wünsche auf Zettel schreiben und dass sie diese dann verbrennen. Das möchte sie heute ausprobieren.

Dieses Mal vergisst sie nicht, einen Schutzkreis um sich herum aufzubauen. Auch der Altar steht bereit und ist mit magischen Gegenständen bestückt. Zuerst entfacht Isabell ein kleines Feuer im Hexenkessel, wobei sie sorgfältig darauf achtet, nicht ihre Haare in Brand zu setzen. Dann nimmt sie den Zettel, liest alle Eigenschaften noch einmal laut vor und wirft ihn dann in den Kessel, wo er Feuer fängt und langsam verbrennt.

Isabell tanzt in dem entstehenden Rauch und versucht, ihn mit ihrem Zauberstab zu verwirbeln. Dann öffnet sie das Fenster und entlässt den Rauch in die Vollmondnacht. So kann sich der Wunsch im Außen manifestieren. Langsam steigt er empor und umrahmt die Mondscheibe. Fasziniert genießt Isabell den Anblick. Sie ist sich sicher, dass dieser Zauber seine Wirkung zeigen wird.

Früher wurden Zaubersprüche nicht niedergeschrieben; ohnehin konnte damals kaum jemand lesen oder schreiben. Stattdessen komponierte man Zaubersprüche ähnlich wie Lieder oder Gedichte, mit einem **Versmaß und Reimen**, damit sie sich leichter merken ließen. Zaubersprüche bündeln Deine Aufmerksamkeit, während Zaubern und Ritualen, und senden Dein Begehr, Deine Energie, in die Welt hinaus.

Wenn Du Deine eigenen Zaubersprüche entwerfen möchtest, ist es wichtig, dass sie Deinen Wunsch oder Dein Ziel genau abbilden und dass sie leicht zu merken sind. Idealerweise verfasst Du Deinen Zauberspruch in Form einer Aussage, als hättest Du Dein Ziel bereits manifestiert, z. B.: ***„Ich habe einen Job, den ich liebe.“***

Du solltest den Spruch oft wiederholen, um ihm noch mehr Energie zu verleihen. Das hilft auch Deinem Gehirn, in eine Art Trancezustand zu kommen (und die Alphawellen zu aktivieren, die für innere Ruhe und kreatives Denken verantwortlich sind).

Sobald Du Deinen Spruch oft genug wiederholt hast, sage einen Satz zum Abschluss, etwa: ***„Und so wird es geschehen“***. Du kannst auch hinzufügen, dass der Zauberspruch niemandem schaden soll.

Verschiedene Arten von Zaubersprüchen

Mantras

Ein ***Mantra*** (Sanskrit: मन्त्र, mantra ‚Spruch, Lied, Hymne') bezeichnet eine heilige Silbe, ein heiliges Wort oder einen heiligen Vers. Diese sind ***„Klangkörper"*** einer spirituellen Kraft, die sich durch meist repetitives Rezitieren im Diesseits manifestieren soll.

Mantras sind auf ein bestimmtes Ereignis gerichtete, positive Aussagen. Sie sind kurz und präzise. Beim Aussprechen eines Mantra sollte man nur positive Bilder und Situationen vor Augen haben. Zudem sollte man seine Aussage so formulieren, als sei das Erwünschte bereits eingetreten.

Beschwörungen

Beschwörungen sind meist in Reimen geschrieben. Ansonsten gelten für sie die gleichen Regeln wie für Mantras.

Mantras und Beschwörungen kannst Du einerseits immer wieder vor Dich hinsagen, andererseits kannst Du diese auch aufschreiben. Schreibe sie etwa auf ein Blatt Papier und stecke dieses in Deinen Talisman oder in Dein Amulett.

Liebeszauber

Liebeszauber gehören zu den am häufigsten ausgeführten Zaubern. Nach Meinung einiger Hexen befinden sie sich dennoch bereits im Graubereich zwischen Weißer und Schwarzer Magie. Deshalb solltest Du genau abwägen, ehe Du einen Liebeszauber ausübst. Denn Du schaffst damit ein starkes Band zwischen Dir und Deinem/Deiner Angebeteten, das nicht ohne Weiteres wieder aufgelöst werden kann. Skye Alexander ist bspw. der Meinung, dass Hexen eher ihre eigene Attraktivität steigern sollen, anstatt jemanden in sie verliebt zu machen.

Wenn Du dennoch einen Liebeszauber wirken willst, so sollte Dir klar sein, dass er nur Deine Energien ausbalanciert, sodass ***Du*** aus Dir selbst heraus den richtigen Partner anziehst. Auf jeden Fall solltest Du Dir im Vorfeld über Deine genauen Absichten klar werden. Willst Du einen Dir unbekannten Menschen anlocken? Wie soll dieser neue Mensch aussehen, welche Eigenschaften sollte er haben? Je spezifischer Deine Absichten sind, desto eher wird der Zauber erfolgreich sein.

Bevor Du also einen Zauber wirkst, solltest Du zunächst eine Liste mit allen erwünschten Eigenschaften Deines zukünftigen Partners oder Deiner Partnerin erstellen: Formuliere Deine Wünsche wie bei Mantras in ganzen Sätzen und wiederhole diese in Gedanken. Dabei solltest Du auch darauf achten, die Sätze positiv und im Präsens aufzuschreiben. Fange hierbei bei den Grundlagen an und werde dann immer konkreter.

Wenn die Venus in Stier und Waage steht, ist der Zeitpunkt laut Astro-Hexen günstig für Liebeszauber. Wenn Du mehr Harmonie in Deine Beziehung bringen oder sie festigen möchtest, wirke Deinen Zauber dann, wenn die Sonne im Zeichen Waage steht. Willst Du Dich auf sexuelle Aspekte konzentrieren, so zaubere dann, wenn Mond und/oder Sonne im Stier stehen. Die Zeit um Neumond eignet sich besonders, wenn Du gerade auf der Suche nach einem neuen Partner bist. Für die Stärkung und Vertiefung einer bestehenden Beziehung ist der zunehmende Mond ideal. Möchtest Du hingegen eine Beziehung beenden, so warte auf den abnehmenden Mond.

Schutzzauber

Die Tradition der Herstellung von Amuletten, die gegen wilde Tiere, schlechtes Wetter oder böse Geister helfen sollen, ist bereits Jahrtausende alt. Im antiken Griechenland trug man zum Beispiel Blätter mit dem Namen von Göttern bei sich, im alten Ägypten das Auge des Osiris.

Du kannst einen magischen Schutz für Dich aber bereits aufbauen, indem Du versuchst, Deine Ängste zu kontrollieren - denn wir ziehen immer das an, worauf wir uns gerade konzentrieren.

Erinnerst Du Dich an das Pentagramm von vorhin? Du kannst es nicht nur als Pentakel um den Hals tragen, sondern auch im Auto verwahren oder aber Du kannst ein hölzernes Pentagramm an die Tür hängen. Du kannst sogar Deine Kleidung mit Pentagrammen verzieren oder diese sogar auf die Fußnägel malen.

Schutztrank

Einen einfachen Schutztrank kannst Du folgendermaßen zubereiten:

Zutaten

- Wasser
- Weihrauch
- Myrrhe
- Eisenkraut
- Brennnessel
- Onyx
- Meersalz

Koche das Wasser in Deinem Kessel auf. Gib die Kräuter hinzu und rühre gegen den Uhrzeigersinn um. Lass den Trank einige Minuten ziehen und gib etwas Meersalz hinzu. Fülle die Flüssigkeit anschließend in eine Flasche mit Korken und gib den Onyx hinein. Du kannst den Trank noch drei Tage lang im Mondlicht aufladen.

Wenn der Trank fertig ist, kannst Du mit diesem auch Ritualwerkzeuge einreiben, ihn an einem Ort versprengen oder Dich damit einreiben.

Gesundheits- und Heilzauber

Heilung ist einer der ältesten Anwendungsbereiche der Zauberei. Grundsätzlich gehen Hexen hierbei in zwei Schritten vor: Zunächst entfernen sie die negative Energie durch Säubern oder Reinigen, anschließend ersetzen sie diese durch positive Energie. Zunächst ist also der Auslöser (z. B. ein Virus) zu beseitigen, danach kann man sich um die Prävention kümmern, etwa eine Ernährungsumstellung beschließen oder einen Schutzzauber wirken.

Gesundheits- und Heilzauber wirken am besten bei zunehmendem Mond. Während der Vollmondphase haben viele Menschen ein hohes Energielevel, jedoch treten auch Stress sowie psychische Beschwerden verstärkt auf. Um Neumond herum haben viele Menschen weniger Energie. Zu diesen Zeiten werden Deine Heilzauber also nicht so gut wirken.

Beachte, dass Du Heilzauber vorrangig auf Dich selbst anwenden solltest. Du möchtest lieber jemand anderen heilen? Dann hole Dir zuerst die Erlaubnis der betroffenen Person ein. Manche Symptome (z. B. Fieber) sollten auch nicht magisch behandelt werden, da der Körper hier einen bestimmten Prozess durchmacht, welcher der Heilung dient.

Einige Heilzauber stehen mit dem Element Wasser in Verbindung: So ist im Morgengrauen gesammelter Tau eine ideale Basis für heilende Tränke. Wenn Du die Hände beim Baden dreimal ins Wasser tauchst und das Wasser danach jedes Mal hinter Dich wirfst, kannst Du damit eine Krankheit symbolisch ***„hinter Dir lassen"***.

Wenn es um die Heilung anderer Menschen geht, solltest Du mit Bedacht vorgehen und nur dann helfen, wenn Du darum gebeten wirst. Möglicherweise muss eine Person auch Leid durchmachen, da es ein Teil ihres Heilungsprozesses ist. Natürlich sollte der oder die Betroffene auch einen Arzt/ eine Ärztin aufsuchen.

Siegelmagie

Siegel oder Sigillen sind Symbole, die Gottheiten oder eine andere spirituelle Einheit repräsentieren. Siegel verwendete man vor allem in der mittelalterlichen Magie. Eines der bekanntesten Bücher über Siegel ist der ***„Kleine Schlüssel Salomons"***, in dem 72 Siegel aufgeführt sind, die 72 verschiedenen Dämonen entsprechen. Heutzutage verwendet man Siegel vor allem dazu, um Affirmationen bildlich darzustellen und Veränderungen im Leben zu wirken. Du kannst die Siegel selbst erstellen und aufladen, um ein bestimmtes Ergebnis zu erzielen. Üblicherweise schreibst Du hierzu eine positive Aussage auf, bspw. ***„Mehr Selbstvertrauen"***. Nun kreuzt Du alle Buchstaben durch, die mehrmals vorkommen, bis am Ende auf dem Blatt steht: ***„MEHRSLBTVAUN"***. Die verbleibenden Buchstaben kannst Du nun verwenden, um ein Symbol zu schaffen. Kombiniere die Buchstaben etwa so, dass jeder Buchstabe Teile anderer Buchstaben enthält. Du kannst manche Buchstaben dabei größer oder kleiner malen, kippen oder auf den Kopf stellen. Danach kannst Du das Symbol nach Belieben weiter vereinfachen. Achte darauf, dass es kompakter wird und eine gewisse Symmetrie vorhanden ist.

Danach musst Du Dein Siegel aktivieren. Fokussiere Dich dazu auf den Wunsch, der mit Deinem Siegel einhergeht, und stelle Dir vor, wie Du diesen Wunsch auf das Siegel überträgst. Dabei kannst Du singen, tanzen oder meditieren.

Nach der Aktivierung kannst Du das Siegel zerreißen, verbrennen, begraben oder es auf andere Weise zerstören. Indem Du so das Siegel aus Deinem Wachbewusstsein entfernst, dessen Intention ***„vergisst"***, kann es weiter in Deinem Unterbewusstsein wirken.

Sigillenmagie ist eine Form der Magie, in der Sigillen benutzt werden. Sigillen sind grafische Symbole, die in der Hauptsache aus ligierten Buchstaben bestehen. Das Wort ***Sigille*** stammt von dem lateinischen Wort **Sigillum**, das ***‚Bildchen'*** oder ***‚Siegel'*** bedeutet.

Kerzenmagie

Kerzenmagie eignet sich für praktische Zwecke, besonders für Zauber, die lange anhalten sollen. Wenn Du etwa Dein Verhalten ändern willst (z. B. eine Sucht beenden), innerlich stärker werden willst oder auch nur ein alltägliches Problem mit längerfristigen Auswirkungen lösen möchtest, kann Kerzenmagie das Richtige sein. Wähle zuerst eine geeignete Kerze aus. Falls Du das Ritual öfter durchführen möchtest, sollte es eher eine größere Kerze sein. Auch die Farbe der Kerze ist wichtig (siehe hierzu auch Kapitel ***„Farben"***). Wenn Du möchtest, kannst Du auch eine Duftkerze verwenden. (Kerzenmagie kannst Du übrigens auch außerhalb eines rituellen Settings wirken.)

Wasche die Kerze mit Salz und Wasser und trockne sie ab. Du kannst die Kerze auch energetisch aufladen, indem Du etwa ein paar Worte oder ein Symbol in die Kerze ritzt oder sie mit ätherischem Öl einreibst. Spreche oder singe Deinen Zauberspruch, während Du die Kerze anzündest. Stelle Dir das erwünschte Ergebnis Deines Rituals bildlich vor und sieh Dir die Flamme mehrere Minuten lang an. Während die Kerze langsam herunterbrennt, setzt sie Energie frei, die zugunsten Deines Wunsches wirkt.

Bild 39 - © depositphotos - T.DenTeam
Kerzenmagie

Bild 40 - © depositphotos - VIPDesignUSA
Hexe Weissagen mit Tarot Karten

Weissagen

Weissagen oder Wahrsagerei bezeichnet die Praxis, die Zukunft vorherzusehen und zugleich Gegenwart und Vergangenheit besser zu verstehen. Für viele ist es auch eine Möglichkeit, zu erkennen, wo man im Leben gerade steht und wohin der weitere Weg führen soll.

Beim Weissagen verbinden sich Hexen mithilfe gewisser Werkzeuge mit dem Göttlichen bzw. dem Kosmos. Mögliche Werkzeuge sind etwa Tarotkarten, Runen, Knochen und Kerzenwachs.

Hinweis

Die meisten Hexen gehen keineswegs davon aus, dass die Zukunft starr und in Stein gemeißelt ist und wie eine Art Gemälde betrachtet werden kann. Denn der Mensch ist in der Lage, durch vielfältige Entscheidungen seine Zukunft selbst zu gestalten.

Was aber Hexen sehr wohl voraussehen können, ist die Energie, die zu einem bestimmten Zeitpunkt in der Zukunft beherrschend ist. Was dagegen in einigen Jahren oder gar Jahrzehnten passieren wird, ist nicht ohne Weiteres vorhersehbar, da zu jedem Zeitpunkt Entscheidungen getroffen werden (auch von anderen Menschen in Deinem persönlichen Umfeld), sodass zu viele Unklarheiten und Variablen existieren, welche eine exakte Vorhersage der Zukunft beeinträchtigen oder unmöglich machen.

Divination: Oberbegriff für die Wahrsagekunst.

Weissagung: Die zur Divination gehörige Handlung.

Orakel: Divinatorische Mittel, also Runen, Tarot. Auch eine Person kann als Orakel fungieren, dann ist diese der divinatorische (Über-)Mittler. Man bittet also ein Orakel um eine Weissagung oder nutzt es für eine Weissagung - den gesamten Vorgang nennt man Divination.

Kristallomantie

Kristallomantie bezeichnet die Praxis, auf reflektierende Oberflächen zu blicken, um auf diese Weise etwas über die Zukunft zu erfahren. Kristallomantie ist eine der ältesten Weissage-Techniken.

Mit folgenden Materialien kannst du Kristallomantie betreiben:

- Kristallkugel
- Schwarzer Spiegel
- Schüssel mit Wasser
- Kristall oder reflektierende Edelsteine
- Fluss, See oder Wasserfall
- Tinte

Auch eine Kerzenflamme bzw. ein Feuer ist denkbar.

Stelle das Objekt, mit dessen Hilfe Du weissagen möchtest, vor Dir auf den Tisch. Zünde eine Kerze an und stelle sie hinter Dir auf. Schalte sämtliche elektrische Lichter aus. Alternativ kannst Du Dich erden oder auch einen Schutzkreis ziehen.

Konzentriere Dich nun auf eine bestimmte Frage, die Du beantwortet haben möchtest, oder auf eine Situation, die Du geklärt haben möchtest. Dann fokussiere Dich auf die reflektierende Oberfläche. Sie sollte Dein Sehfeld ganz ausfüllen. Notiere alsdann, was Du gesehen hast. Oft sind es auch Symbole, die Du anschließend interpretieren musst.

Pendeln

Ein Pendel ist ein Gewicht, das an einem Faden hängt. Dieses Gewicht kann etwa ein Edelstein, ein Kristall, ein Anhänger oder ein Ring sein - nimm, was immer Dir am meisten zusagt.

Pendeln ist eine der ältesten Methoden des Weissagens. Es geht auf das Rutengehen zurück, mit dessen Hilfe man unterirdische Wasseradern finden kann.

So nutzt Du Dein Pendel

Suche Dir einen ruhigen Ort (z. B. an einem Tisch) und erde Dich bzw. ziehe einen Schutzkreis. Überlege Dir eine oder mehrere Fragen. Die Fragen müssen mit ***„Ja"*** oder ***„Nein"*** beantwortet werden können. Halte das Pendel vor Dir, der Pendelanhänger sollte sich etwa 18 Zentimeter unterhalb Deines Fingers sowie etwa fünf Zentimeter über der Tischoberfläche oder der Innenfläche Deiner anderen Hand befinden. Achte darauf, dass nun alles ruhig ist und keine Bewegung zu spüren ist. Frage jetzt das Pendel: ***„Welche Richtung bedeutet Ja?"*** und beobachte, in welche Richtung das Pendel schwingt. Frage danach ***„Welche Richtung bedeutet Nein?"*** und beobachte wieder genau.

Halte dann das Pendel so ruhig wie möglich und stelle Deine Frage. Du wirst bemerken, dass Dein Pendel zu schwingen beginnt. Versuche nicht, diese Bewegungen einzudämmen, denn sie werden durch sehr subtile Bewegungen Deiner Hand ausgelöst, die aus dem Teil Deiner Psyche kommen, der Dir nicht bewusst ist. Beobachte, in welche Richtung Dein Pendel schwingt. Warte, bis das Pendel wieder ganz ruhig ist, bevor Du eine weitere Frage stellst. Falls das Pendel zu heftig schwingt, kann es die Frage nicht beantworten. Versuche dann, Deine Frage etwas präziser zu formulieren.

Du kannst Dein Pendel bspw. auch über eine Landkarte halten. An dem Punkt, der für Dich von Bedeutung ist, wird es dann zu schwingen beginnen.

Kleromantie/ Los werfen

Kleromantie existiert mindestens ebenso lang wie Kristallomantie und die Kunst des Lose Werfens. Das Werfen eines Loses bezeichnet das Werfen von Objekten (z. B. Steine, Knochen, Würfel, I-Ging-Münzen) auf den Boden. Es ist dabei nicht nur von Bedeutung, wo die Gegenstände landen, sondern auch, in welcher Lage zueinander sie landen.

Tarot

Eine weitere Orakelmethode ist das Tarot. Carl Gustav Jung verglich die großen Trümpfe des Tarots mit den Archetypen des kollektiven Unterbewussten. Bei den Archetypen handelt es sich um Charaktere, die seit Jahrtausenden in Mythen und Märchen auftauchen. Die 22 Trümpfe des Tarots beginnen bei 0, dem Narren, der unbewusstes Wissen symbolisiert.

Die folgende Reihe der Trümpfe von 1 bis 21 beschreibt die Heldenreise (***The hero's journey***). Dieser Begriff von James Joyce schildert das Grundmuster von Mythologien weltweit. Der US-amerikanische Mythenforscher Joseph Campbell hat die verschiedenen Stationen dieses Musters in seinem Buch ***„The Hero with a 1000 Faces"*** gründlich erforscht.

Manche Esoteriker, beispielsweise der Franzose Gérard Analect Vincent Encausse Papus (1865-1916), sehen die Ursprünge des Tarots im Alten Ägypten. Der Mitbegründer der Theosophischen Gesellschaft verbrachte als junger Mann viel Zeit in der Nationalbibliothek von Paris, wo er okkulte Schriften studierte. 1891 veröffentlichte der promovierte Doktor der Medizin sein Buch ***„Les Arts Divinatoires"*** (Die Künste der Divination). Er beschreibt darin, dass die Weisen Ägyptens mit dem Tarot das Wissen von Jahrtausenden bewahren wollten.

Carl Gustav Jung (1875-1961), meist kurz **C. G. Jung**, war ein Schweizer Psychiater und der Begründer der analytischen Psychologie.

Joseph John Campbell (1904-1987) war ein US-amerikanischer Professor und Publizist auf dem Gebiet der Mythologie.

Gérard Analect Vincent Encausse (1865-1916), bekannt unter dem Pseudonym **Papus**, war ein bedeutender französischer Okkultist, Esoteriker, Theosoph, Rosenkreuzer und Martinist. Am 7. Juli 1894 wurde Gérard Encausse an der Pariser Universität zum Doktor der Medizin promoviert.

Sie verwarfen hierbei den ursprünglichen Vorschlag, die Informationen auf den Wänden der Pyramiden zu verewigen. Stattdessen zeichneten sie ihre Weisheit auf Spielkarten auf. Diese übergaben sie dem Volk. Beim Kartenspielen wird demnach also gleichzeitig okkultes Wissen weitergegeben.

Belegt ist, dass der Name Tarot aus dem Französischen stammt und auf das italienische Wort ***Tarocchi*** zurückgeht, das man mit Trumpf übersetzen kann.

Die ersten Kartenspiele in Italien entstanden in der ersten Hälfte des 15. Jahrhunderts. Der Mailänder Herzog Filippo Maria Visconti und dessen Tochter Bianca Maria scheinen für Kartenspiele erhebliche Summen ausgegeben zu haben. So wird in Dokumenten aus dem Jahr 1447 ein Preis von 1500 Dukaten erwähnt. Ein Dukat entspricht etwa 3,4 Gramm Feingold. Von den italienischen Tarotkarten des 15. Jahrhunderts sind heute noch etwa 300 erhalten.

Frankreich, Geburtsland des heutigen Tarots

Die heutige Form des Tarots mit seinen 22 großen Trümpfen und 56 Karten der vier Farben, also zusammen 78 Karten, entwickelte sich vermutlich gegen Ende des 15. Jahrhunderts. Damals entstand im französischen Lyon eine florierende Manufaktur von Spielkarten, die auch exportiert wurden.

Das älteste komplette Set von Tarotkarten ist das Tarot von Marseille, das im Jahr 1760 entstand. Es stammt aus der Kartenmanufaktur Nicolas Conver. Die Karten wurden mit Holzstichen gedruckt und in den Grundfarben Blau, Gelb, Grün und Rot koloriert. Sie wirken etwas grob, sind aber noch heute in Gebrauch.

Offiziell beginnt die esoterische Tradition der Tarotkarten im Jahr 1781. Damals veröffentlichte der Schweizer Freimaurer und Theologe Antoine Court de Gébelin (1719 oder 1725 bis 1784) ein Buch über die geheime Bedeutung des Tarots von Marseille. Er deutete die Trümpfe als Symbole für die Mysterien, die auf die ägyptischen Gottheiten Thot und Isis zurückgehen.

Renaissance im 19. Jahrhundert

In der zweiten Hälfte des 19. Jahrhunderte entdeckten die Geheimgesellschaften das Tarot nach einem vorübergehenden Verlust des Interesses wieder. Richtungsweisend war dabei der Hermetic Order of the Golden Dawn (Hermetischer Orden der goldenen Morgenröte). Er wurde 1888 in England gegründet. Berühmte Mitglieder waren Aleister Crowley, William Butler Yeats, Pamela Colman Smith und Arthur Edward Waite.

Der Orden hatte seine Ursprünge in den Lehren der Rosenkreuzer. Zahlreiche moderne Gruppen basieren noch heute auf den Lehren dieser Gesellschaft. Sie betrachtete das Tarot in erster Linie als Mittel zur Selbsterkenntnis.

Arthur Edward Waite gestaltete gemeinsam mit Pamela Colman Smith das Rider-Waite-Tarot, das 1910 erschien und auch heute noch beliebt ist. Auch Aleister Crowley entwarf ein Tarotdeck, das bis heute viele Anhänger hat. Beide Tarotsysteme können auch als Initiationsweg verstanden werden.

Crowley schreibt in seinem ***Book of Thot*** sogar, dass nur aufgestiegene Mitglieder des Ordo Templi Orientis (OTO) die Symbolik seiner Karten erfassen könnten. Der OTO war eine okkulte Organisation, die 1901 in Wien gegründet wurde und heute noch existiert. Crowley prägte den OTO ab 1915 stark.

Rosenkreuzer (früher Rosencreutzer) ist die Bezeichnung verschiedener spiritueller Gemeinschaften. Sie sind nach dem legendarischen/literarischen Charakter Christian Rosencreutz benannt. Das Rosenkreuzertum trat erstmals im 17. Jahrhundert als Reformbewegung in Tübingen innerhalb des deutschen Protestantismus mit zwei anonymen gesellschaftskritischen, politischen Programmschriften an die Öffentlichkeit.

Das **Rider-Waite Tarot** wurde 1910 veröffentlicht. Es wurde von Arthur Edward Waite zusammen mit der amerikanischen Künstlerin Pamela Colman Smith geschaffen. Beide waren Mitglied des Golden Dawn. Das Rider des Namens leitet sich von Rider & Son, dem Londoner Verleger, ab. Dieses Deck ist zwar etwas feiner gezeichnet als das Marseille-Deck, es benutzt aber ebenfalls nur sehr wenige Farben und wirkt ob der fehlenden Nuancen auf viele Menschen etwas comichaft.

Arthur Edward Waite (1857-1942): Angloamerikanischer okkultistischer Autor. Er war führendes Mitglied in der Geheimgesellschaft ***Hermetic Order of the Golden Dawn***. Bekannt wurde er durch sein ***Waite-Tarot***-Deck, dessen Bilder nach seinen Vorgaben angefertigt wurden.

Pamela Colman Smith (1878-1951): Angloamerikanische Künstlerin und Autorin. Ihre Illustrationen des Waite-Smith-Tarot-Decks, das sie mit Arthur Edward Waite entwickelte, wurden weltbekannt.

Große Trümpfe: Reise zur Erleuchtung

Heute gibt es eine Vielzahl verschiedener Tarotkarten, die im Wesentlichen jedoch gleich strukturiert sind. 22 Trumpfkarten beschreiben die Heldenreise vom Unbewussten 0 bis zu 21, der Erleuchtung. Die vier Farben werden jeweils mit einem Element und einer Grundfunktion der menschlichen Existenz assoziiert. So entspricht Feuer dem Handeln, Wasser dem Fühlen, Luft dem Denken und Erde den Sinneswahrnehmungen.

Die Farbkarten spiegeln die Qualitäten wider, die jedes Element in der Schwingung einer Zahl annimmt. Das beginnt bei der 1, dem Ass, und endet bei der 10. Jeweils vier Hofkarten der Farben symbolisieren verschiedene Aspekte der Persönlichkeit.

Verbindungen zwischen Systemen

Moderne Tarotsysteme stellen meist Verbindungen zwischen einzelnen Karten und anderen esoterischen Systemen wie Numerologie und Astrologie her. Auf manchen Tarotkarten sind auch Runen und hebräische Buchstaben als Referenzen zur Kabbala zu sehen.

Tarotkarten legen, ist eine der gebräuchlichsten Weissage-Praxen unter Hexen. Tarotdecks enthalten üblicherweise 78 Karten, die in zwei Teile aufgeteilt werden: Die kleine Arkana und die große Arkana. Die große Arkana besteht aus 22 Karten. Jede Karte hat einen eigenen Titel, ein eigenes Bild sowie eine individuelle Bedeutung. Damit stellt jede Karte einen Archetyp des Unbewussten dar.

Die kleine Arkana besteht aus 56 Karten, die in vier verschiedene ***„Farben"*** aufgeteilt sind, die mit den Elementen und Richtungen zusammenhängen:

- Pentakel: Norden, Erde, der menschliche Körper
- Stäbe: Osten, Luft, der menschliche Geist
- Schwerter: Süden, Feuer, die menschliche Energie
- Kelche: Westen, Wasser, die menschlichen Emotionen

Jede ***„Farbe"*** besteht nochmals aus 14 Karten (Ass bis hinunter zur Zehn).

Außerdem gibt es zum Beispiel auch Tarotdecks, die Seelentiere darstellen. Prüfe ein Deck deshalb eingehend, bevor Du es kaufst. Sieh Dir alle Karten an und entscheide, ob Dir Symbolik und Stil zusagen. Wenn dem Deck ein Buch beiliegt, sieh Dir auch dieses genau an.

Nachdem Du ein Tarotdeck erworben hast, solltest Du es energetisch aufladen und auf diese Weise zu Deinem eigenen machen. Bewahre es an einem sicheren Ort auf, wo niemand Zugriff darauf hat.

Es gibt verschiedene Möglichkeiten, das Tarot zu lesen und zu legen. Du kannst Dir die Karten natürlich auch von jemand anderem legen lassen, üblicherweise wirst Du die Karten jedoch selbst für Dich legen. Wichtig ist, dass Du die Karten zuerst mischst - auf diese Weise absorbieren sie Deine Energie. Du kannst Dich auch erden und/oder einen Schutzkreis ziehen, dies ist jedoch optional. Auf jeden Fall solltest Du Dir einen ruhigen Ort suchen.

Du kannst ganz einfach eine Tageskarte ziehen, die Dir etwas über die Energien und Aufgaben des Tages verrät. Willst Du etwas über die entferntere Zukunft wissen, ziehe drei Karten - jeweils eine für die Vergangenheit, die Gegenwart und die Zukunft. (Die Karten, die Du ziehst, sowie Deine Interpretation kannst Du schriftlich festhalten, ebenso wie Du es bei Deinen Träumen möglicherweise schon machst.)

Manchmal kann es vorkommen, dass Du bei einer ausstehenden Entscheidung Tarotkarten ziehst - in diesem Fall tendierst Du jedoch bereits stark in eine Richtung. Denn in dieser Situation hast Du Deine Antwort bereits - die Vorbereitung auf das Tarotlegen hat Dir dabei geholfen, Dir über Deine Gefühle klarer zu werden.

Natürlich gibt es noch viel mehr Möglichkeiten, wie Du die Karten legen kannst - mehr dazu findest Du üblicherweise im Begleitbuch zu Deinem Kartendeck oder aber in der entsprechenden Fachliteratur. Auch die Standardinterpretationen zu den Karten findest Du dort.

Vermeide es aber, zu häufig in die Zukunft zu schauen oder gar davon abhängig zu werden.

Wie die Runen, kannst Du Tarotkarten zur Weissagung, initiatorisch oder magisch-rituell nutzen. Im ***Gardnerian Wicca*** wird mit dem ***Crowley Thoth Tarot*** gearbeitet, welches auf der alten Ägyptischen Magie und den Ägyptischen Mysterien beruht. Es führt auch durch die von Crowley bereisten ***Aethyre*** und birgt ungeahnte Offenbarungen. Das erfordert ein behutsames Vorgehen, denn Du musst innerlich reifen, um mit den Energien und Kräften umgehen zu können, statt von ihnen überwältigt zu werden. Du bereist mit diesem Tarot fremde Welten und innere Abgründe, und stehst gewaltigen Kräften, wiederum Archetypen und deren manifestierten Wesenheiten, gegenüber.

Das ***Sacred Circle Tarot*** oder ***Tarot der neuen Hexen*** ist ein spezielles Wicca-Deck. Es ist keltisch-heidnisch geprägt, beruht auf der Naturmagie und befasst sich mythologisch mit den Naturgottheiten. Initiatorisch begleitet es auf dem Weg der spirituellen Entwicklung vom Erwachen bis zum Erlangen der höchsten Weisheiten, geprägt durch die Interaktion des männlichen und weiblichen Prinzips im Schöpfen, Werden und Vergehen - den Zyklus von Sonne und Mond, der Natur, des Jahres und des Menschen. Es führt in und durch den Kreis des Lebens und seine Mysterien.

Bild 41 - © depositphotos - OceanProd
Tarot Karten

Bild 42 - © depositphotos - rebermant
Tarot Karten

Runen

Runen wurden im Kapitel ***Runen*** bereits ausführlich vorgestellt. Sie werden häufig in Stoffbeuteln aufbewahrt, vor dem Ziehen schüttelt man diese.

Du kannst morgens ganz ohne rituellen Kontext eine Rune ziehen, die Dir verrät, von welchen Energien der Tag bestimmt wird und was Deine Aufmerksamkeit erfordert. Halte danach Deine Augen und Ohren offen. Nimmst Du die Energie der Rune irgendwo in Deiner Umgebung wahr oder siehst Du sie gar bildlich?

Eine einfache Form der Weissagung für einen längeren Zeitraum kannst Du praktizieren, indem Du Deine Runen verdeckt auf ein Tuch legst. Konzentriere Dich auf Deine Frage und ziehe zum Beispiel drei Runen. Lege diese in einer Reihe von links nach rechts aus. Die linke Rune zeigt die Vergangenheit, die mittlere die Gegenwart, die rechte die Zukunft.

Handlesen

Nicht zuletzt gehört natürlich auch das Handlesen zu den traditionellen Weissage-Praktiken einer Hexe. Im Vergleich zu Tarotkarten und Runen zielt Handlesen noch mehr auf die Erforschung der persönlichen Zukunft, des Lebensweges eines Menschen, ab. Da die Hand direkt dem Menschen zugehörig ist, zeichnet sich dort Persönliches ab.

Anders als in der Populärkultur dargestellt, ist für das Handlesen die gesamte Hand, nicht nur die Linien auf der Handoberfläche, ausschlaggebend: Untersucht werden Form und Größe der Hand, Proportionen, Dicke, Wölbungen, Vertiefungen, Linien, Finger, Nägel und Hautbeschaffenheit. Die Merkmale sind einzeln zu sehen, aber auch in den Verhältnissen zueinander und im Gesamtbild. Das gilt für beide Hände. In den Händen siehst Du ein Abbild des Menschen, wie auch die Positionen und Konstellationen in der Astrologie ein Abbild der gegebenen Zeitqualität und Charakteristika im Übergeordneten darstellen. Erinnerst Du Dich? ***„Wie oben, so unten, wie innen, so außen."***

Die linke Hand zeigt dabei das Potenzial eines Menschen, das was Dir in diesem Leben mitgegeben wurde. Die rechte Hand zeigt, wie er oder sie das entsprechende Potenzial verwirklicht. Man könnte auch sagen, dass die linke Hand das Kindesalter, die rechte das Erwachsenenalter repräsentiert.

Die Handlinien sind in Haupt- und Nebenlinien unterteilt. Anfangs kann es vorteilhaft sein, sich auf die deutlicheren Hauptlinien zu konzentrieren, die essenzielle Informationen geben.

Zu den Hauptlinien zählt etwa die Lebenslinie, welche die Lebenskraft und Lebensfülle (nicht, wie oft angenommen, die Lebensdauer) anzeigt. Eine lange, ausgeprägte Linie zeigt viel Energie und Vitalität, eine kurze, nicht sehr markante Linie, das Gegenteil.

Dazwischen gibt es natürlich viele Facetten, und an Regelmäßigkeiten und Unregelmäßigkeiten sowie einer eventuellen Färbung der Linie sind zahlreiche Einzelheiten ersichtlich. Das können etwa Krankheiten, Schicksalsschläge oder der Lebensstil sein.

Indem Du beide Hände betrachtest, erfährst Du, was ein Mensch grundlegend in das Leben mitgebracht hat, welche Fähigkeiten, Eigenschaften und Charakteristika in ihm schlummern, und wie er sich entwickelt hat, wie er sich der Umwelt präsentiert, und welches individuelle Potenzial vielleicht ungenutzt oder verdrängt in ihm schlummert. Eine weitere Interpretation ist der Ursprung, woher Du kommst: Auf der einen Seite steht, mit was Du in das Leben startest, auf der einen Seite steht das ***„Wo gehst Du hin“***.

Die ***Herzlinie*** repräsentiert das emotionale Leben - Liebe, Sexualität, Freundschaft - eines Menschen, aber auch der Zustand von Organen lässt sich daraus ablesen. Wie bei der Lebenslinie, sind auch hier Länge und Ausprägung der Linie von Bedeutung.

Anhand der ***Kopflinie*** lässt sich schließlich bestimmen, wie es um die geistigen Fähigkeiten, das Gedächtnis und die Kreativität eines Menschen bestellt ist.

An der ***Schicksalslinie*** lässt sich ablesen, inwiefern es im Leben eines Menschen einschneidende Ereignisse gibt.

Zu den Nebenlinien gehört unter anderem die ***Liebeslinie***, die Hinweise auf das Beziehungsleben einer Person gibt.

Die ***Marslinie*** zeigt an, wie viel Kraft einer Person innewohnt und welche äußeren Kräfte dieser Person zu Hilfe kommen.

An der ***Sonnenlinie*** kann man ablesen, wie es um Glück und Erfolg im Leben eines Menschen bestellt ist.

Die ***Venuslinie*** liefert schließlich Hinweise zur Beständigkeit von Beziehungen.

Insgesamt kann jede einzelne Linie Aufschluss über bestimmte Bereiche des Lebens geben - noch viel mehr kann aber durch die Betrachtung ihrer Gesamtheit abgeleitet werden. Ebenso verhält es sich mit den weiteren Merkmalen der Hände. Studiere dieses komplexe Thema bei Interesse ausführlich und übe Dich in der Kunst des Handlesens - auf diese Weise erfährst Du vieles über Dich selbst, Du kannst aber auch anderen Menschen Hilfestellung geben.

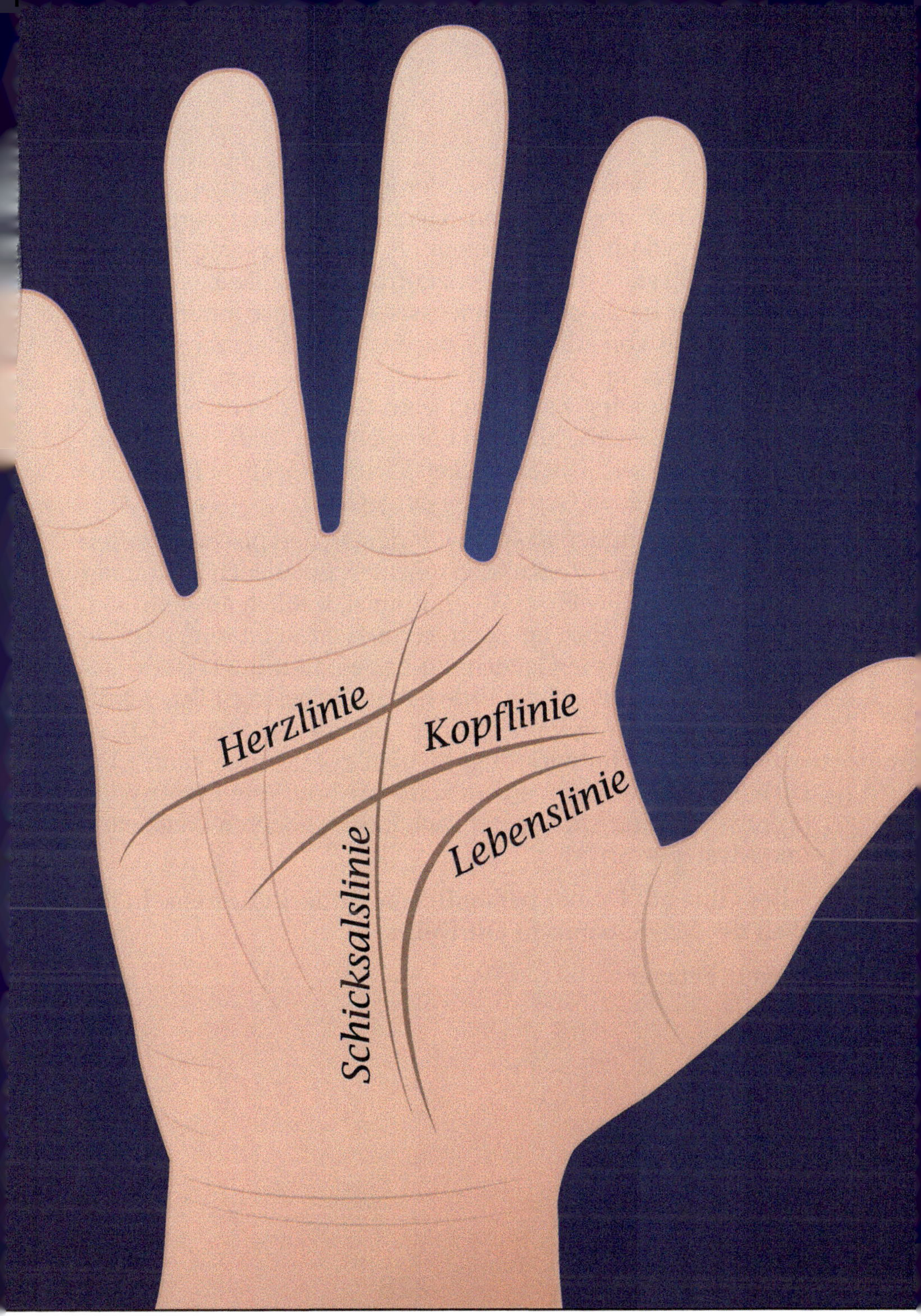

Bild 43 - © depositphotos - Furian
Handlesen - Die verschiedenen Hauptlinien auf der Hand

Epilog

Magisches Arbeiten und das Erlernen der Hexenkunst ist immer auch mit der Arbeit am eigenen Charakter verbunden, in einigen okkulten Traditionen als Charakterveredelung bezeichnet. Du stärkst Deine Konzentrationsfähigkeit, erkundest Deine Seele und Dein Unbewusstsein, räumst innerlich auf, befreist Dich von Altem, um für das Neue Platz zu schaffen: Denke an das umgekehrte Dreieck, das Zeichen der ersten Initiation: Du wirst zu einem leeren Gefäß, das bereit ist, das göttliche Wissen, die höheren Energien und Kräfte in sich einfließen zu lassen. Du entwickelst Dich in jeglicher Hinsicht weiter, der eigenen Göttlichkeit entgegen.

Hab' einen gesunden Respekt vor den archetypischen Kräften und Sphären, die Du erkunden möchtest und denen Du Einzug in Dein Leben gewährst: Du erklimmst, bildlich ausgedrückt, eine Leiter. Jede einzelne Sprosse muss so stabil sein, dass sie in der Lage ist, Dein Gewicht zu tragen, und die Leiter muss einen festen Stand auf der Erde haben. So gelangst Du, Schritt für Schritt, sicher in immer höhere Gefilde. Analog verhält es sich mit Deiner Entwicklung: Bist Du gut geerdet, kannst Du Dich Schritt für Schritt entwickeln, Dir fundierte Etappenziele erarbeiten und Du näherst Dich immer höheren Weisheiten und Mysterien an.

Alles Gute auf Deiner persönlichen Entdeckungsreise in die Welt der Magie wünscht Dir Deine

Angela Fetzner

Literatur (Auswahl)

Crowley Aleister: The Book of the Law: Liber AL vel Legis: The Central Sacred Text of Thelema. 1809. London.

Gardner Gerald: Witchcraft Today. 1954.

Fetzner Angela: Wicca - Das Geheimnis der neuen Hexenkunst. 2020.

Fetzner Angela: Krafttiere und Schamanismus. Die verlorene Seele wiederfinden. 2017.

Fetzner Angela: Krafttiere als Spiegel der menschlichen Seele: Wegbegleiter am Wendepunkt des Lebens. Nova 2021.

Fetzner Angela: Schamanische Reisen zum Krafttier - Heimkehr der verlorenen Seele. 2019.

Fetzner Angela: Die Alraune - Pflanze der Liebe, Pflanze des Todes. 2019.

Fetzner Angela: Im Bann des Waldes. 2020.

Fetzner Angela: Waldbaden - Auf der Suche nach dem verlorenen Selbst. BoD 2020.

Fetzner Angela: Aromatherapie - Die heilende Kraft ätherischer Öle. BOD 2021.

Cunningham Scott: Earth, Air, Fire and Water. More Techniques of Natural Magic. Llewellyn Publications 1991.

Cunningham Scott: Living Wicca. A further Guide for the Solitary Practioner. Llewellyn Publication 2012.

Tremp Kathrin Utz: Von der Häresie zur Hexerei. „Wirkliche" und imaginäre Sekten im Spätmittelalter. Harrosowitz 2008.

Adler Margot (2005): Drawing Down the Moon: Witches, Druids, Goddess-worshippers and Other Pagans in America Today (third ed.). London: Penguin.

Baker James W. (1996): „White Witches: Historic Fact and Romantic Fantasy". In: Lewis, James R. (ed.). Magical Religion and Modern Witchcraft. New York: State University of New York.

Crowley Vivianne (1998): „Wicca as Nature Religion". In: Joanne Pearson; Richard H. Roberts; Geoffrey Samuel (eds.). Nature Religion Today: Paganism in the Modern World. Edinburgh: Edinburgh University Press.

Doyle White Ethan (2016): Wicca: History, Belief, and Community in Modern Pagan Witchcraft. Brighton: Sussex Academic Press.

Ezzy Douglas (2003): „New Age Witchcraft? Popular Spell Books and the Re-enchantment of Everyday Life". Culture and Religion: An Interdisciplinary Journal.

Gibbons Jenny (1998): „Recent Developments in the Study of The Great European Witch Hunt". The Pomegranate.

Greenwood Susan (1998): „The Nature of the Goddess: Sexual Identities and Power in Contemporary Witchcraft". In: Joanne Pearson; Richard H. Roberts;

Geoffrey Samuel (eds.). Nature Religion Today: Paganism in the Modern World. Edinburgh.

Hanegraaff Wouter J. (1996): New Age Religion and Western Culture: Esotericism in the Mirror of Secular Thought. Leiden: Brill.

Harvey Graham (2007): Listening People, Speaking Earth: Contemporary Paganism (2nd ed.). London: Hurst & Company.

Hutton Ronald (1991): The Pagan Religions of the Ancient British Isles: Their Nature and Legacy. Blackwell.

Hutton Ronald (2003): Witches, Druids and King Arthur. London: Hambledon and Continuum.

Lamond Frederic (2004): Fifty Years of Wicca. Sutton Mallet, England: Green Magic.

Magliocco Sabina (1996): „Ritual is My Chosen Art Form: The Creation of Ritual as Folk Art Among Contemporary Pagans". In: Lewis, James R. (ed.). Magical Religion and Modern Witchcraft. New York: State University of New York.

Morris William, ed. (1969): The American Heritage Dictionary of the English Language. New York: American Heritage Publishing.

Pearson Joanne (1998): „Assumed Affinities: Wicca and the New Age." In: Joanne Pearson; Richard H. Roberts; Geoffrey Samuel (eds.). Nature Religion Today: Paganism in the Modern World. Edinburgh: Edinburgh University Press.

Pearson Jo (2001): „Going Native in Reverse": The Insider as Researcher in British Wicca. Nova Religio: The Journal of Alternative and Emergent Religions.

Pearson Joanne (2002): „The History and Development of Wicca and Paganism". In: Joanne Pearson (ed.). Belief Beyond Boundaries: Wicca, Celtic Spirituality and the New Age. Aldershot: Ashgate.

Rountree Kathryn (2015): „Context is Everything: Plurality and Paradox in Contemporary European Paganisms". In Kathryn Rountree (ed.). Contemporary Pagan and Native Faith Movements in Europe: Colonialist and Nationalist Impulses. New York: Berghahn.

Salomonsen Jone (1998): „Feminist Witchcraft and Holy Hermeneutics". In: Joanne Pearson; Richard H. Roberts; Geoffrey Samuel (eds.). Nature Religion Today: Paganism in the Modern World. Edinburgh: Edinburgh University Press.

Samuel Geoffrey (1998): „Paganism and Tibetan Buddhism: Contemporary Western Religions and the Question of Nature". In Joanne Pearson; Richard H. Roberts; Geoffrey Samuel (eds.). Nature Religion Today: Paganism in the Modern World. Edinburgh: Edinburgh University Press.

Strmiska Michael F. (2005): „Modern Paganism in World Cultures". Modern Paganism in World Cultures: Comparative Perspectives. Santa Barbara, California: ABC-Clio.

Buckland Raymond (2002) [1971]: Witchcraft from The Inside: Origins of the Fastest Growing Religious Movement in America (3rd ed.). St. Paul, MN: Llewellyn Publications.

Farrar Janet; Farrar Stewart (1981): A Witches´ Bible: The Complete Witches Handbook. London: Phoenix Publishing.

Farrar Janet; Farrar Stewart (1992) [1981]: Eight Sabbats for Witches. London: Robert Hale Publishing.

Farrar Janet; Bone Gavin (2004): Progressive Witchcraft: Spirituality, Mysteries, and Training in Modern Wicca. Franklin Lakes, NJ: New Age Books.

Farrar Stewart (1983): What Witches Do: A Modern Coven Revealed. Robert Hale Publishing.

Gardner Gerald B. (2004) [1959]: The Meaning of Witchcraft. Boston: Weiser Books.

Valiente Doreen (1973): An ABC of Witchcraft Past and Present. Robert Hale Publishing.

Valiente Doreen (1989): The Rebirth of Witchcraft. London: Robert Hale Publishing.

Zur Autorin

Dr. Angela Raab geb. Fetzner, geboren in Bad Kissingen, ebenda auch aufgewachsen.

Studium der Pharmazie in Würzburg, anschließend Approbation zur Apothekerin. Aufbaustudium der Pharmaziegeschichte in Marburg, Abschluss als Pharmaziehistorikerin.

Dort auch Promotion zum Dr. rer. nat.

Seit 1996 bis dato Arbeit in öffentlichen Apotheken und Krankenhausapotheken in ganz Deutschland sowie der Schweiz. Daneben Seminartätigkeit im In- und Ausland.

Von 2012-2022 Veröffentlichung von mehr als 50 Ratgebern und Fachbüchern v. a. zu verschiedenen Gesundheitsthemen, die Hunderttausende von Lesern begeistern.

Ein herzliches Dankeschön

- an dieser Stelle an alle werten Leserinnen und Leser. Lob, Kritik oder Anregungen können Sie mir gerne auf meiner Facebook-Seite

https://www.facebook.com/AngelaFetzner

oder auf meiner Autorenhomepage mitteilen:

https://www.angela-fetzner.de

Bücher von Dr. Angela Fetzner

Auf meiner Homepage finden Sie nicht nur alle meine Bücher, Hörbücher und E-Books. Darüber hinaus möchte ich meinen Leserinnen und Lesern auch einen besonderen Service bieten. So stelle ich auf meiner Homepage regelmäßig Onlinelesungen von mir ein, weiter schreibe ich Blogartikel zu verschiedenen Themen sowie Rezensionen zu diversen Büchern.

Hier können Sie sich auch für meinen Newsletter anmelden, um regelmäßig Informationen über neue Bücher, Preisaktionen, Verlosungen und Gesundheitstipps zu erhalten.

Außerdem finden Sie meine E-Books in allen führenden Online Shops und die Druckbücher im Versand- und Standardbuchhandel.

Sie finden mich auch in den sozialen Netzwerken:

Facebook, Twitter, Instagram und Youtube.

https://angela-fetzner.de/___/

Leseprobe: Krafttiere und Schamanismus

„Höre mir zu. Schamanismus ist keine Religion. Denn es gibt keine Dogmen und keine Hierarchien. Es ist eine rein persönliche Erfahrung, sozusagen ein Pfad oder ein Weg, der zu gehen ist. Durch die Reise der Trommel kannst du die untere Welt besuchen, unter unseren Füßen, in der Menschen und Tiere als Geistwesen leben." (Ailo Gaup, Schamane aus dem Volk der Sami)

Prolog

Der Schamane ist nicht nur die älteste spirituelle Figur in der Menschheitsgeschichte, sondern auch diejenige mit der größten Kontinuität. Beim Schamanismus handelt es sich - um es mit dem gleichnamigen Titel des Buches des Religionswissenschaftlers und Philosophen Mircea Eliade zu sagen - um eine „archaische Ekstasetechnik", aus der sowohl Religion als auch Magie geboren werden.

Die Anfänge dieser spirituellen Praxis lassen sich bis in die Steinzeit zurückverfolgen. Interessant ist dabei, dass sich die einzelnen weltanschaulichen oder ekstatischen Elemente in den verschiedenen Kulturen und Epochen der Menschheit relativ ähnlich sind.

Das Lokalkolorit mag sich bei den schamanischen Kulturen Sibiriens von denen der Inuit, der Aborigines oder dem hoch entwickelten Kult auf Hawaii sowie dem historischen Schamanentum der Kelten zwar jeweils unterscheiden - doch die Grundstruktur der Spiritualität ist überall gleich. Das Schamanentum funktioniert universal und seit Jahrtausenden nach gleichbleibenden Prinzipien, die eine besondere Schulung des Geistes voraussetzen.

Das Schamanentum passt sich zudem flexibel regionalen Gegebenheiten an und ist somit in der Lage, unter allen Umständen zu überleben und eine Symbiose mit den lokalen Kulten und religiösen Systemen zu bilden.

So sind die meisten Schamanen weltweit als Heiler tätig - eine Profession, die sich mit jeder Religion und Weltanschauung verträgt.

Während dem Schamanen zur Zeit der Jäger und Sammler noch eine extrem exponierte Rolle in der Gesellschaft zukam, wurden Teile seiner Aufgabenbereiche nach und nach von anderen Richtungen übernommen. So wurzelt die Theaterkunst ebenso im Schamanismus wie viele andere Künste, z. B. Musik und Tanz. Noch heute leben in den Traditionen der einzelnen Völker schamanische Elemente fort, sei es in der Folklore, in Festen, Märchen oder Mythen. Manche betrachten den Schamanismus auch als eine Art Urreligion, was nicht ganz korrekt ist - Ein weltanschauliches System wäre hier der bessere Ausdruck.

In der modernen westlichen Gesellschaft herrscht eine Art Hunger nach magisch-spiritueller Nahrung, der von den gängigen, in der Regel monotheistischen Religionen mit ihrer einfachen, jedoch strikten Einteilung in Gut und Böse, nicht mehr gestillt werden kann. Viele wenden sich dem Schamanentum zu, um eine Sicht auf die Welt und das Leben zu erlangen, die im Einklang mit sich selbst und dem Kosmos steht, aber dem Leben in einer Industriegesellschaft diametral entgegengesetzt ist. Bis vor einigen Jahren waren es nur Ethnologen, Anthropologen und eventuell Religionswissenschaftler, die sich für die kultischen Praktiken indigener Völker interessierten. Manchmal war dies mit Grenzgängen verbunden, wie sie der Psychoanalytiker Carl Gustav Jung in seinen Arbeiten unternahm.

Doch mit dem Esoterikboom kam auch der Schamanismus zurück in das Bewusstsein der Öffentlichkeit. Heute verbringen Top-Manager ihre Wochenenden bei Reinigungszeremonien in Schwitzhütten oder laufen stundenlang über glühende Kohlen.

Der Kontakt zu Medizinmännern und Weisen aus Naturvölkern wird gesucht, mittlerweile lassen sich Reisen zu Heilern am Amazonas, in Peru oder der Mongolei buchen. Buchautoren wie Carlos Castaneda oder Michael Harner haben das Schamanentum für jeden erreichbar gemacht und die Thematik zurück in die Öffentlichkeit geholt.

Mircea Eliade (1907-1986): Rumänischer Religionswissenschaftler, Philosoph und Schriftsteller.

Inuit: Indigene Volksgruppe, die im arktischen Zentral- und Nordostkanada sowie auf Grönland lebt.

Ethnologe: Erforscht die Kultur einzelner Völker, insbesondere die Kultur der eingeborenen Bevölkerung.

Anthropologe: Beschäftigt sich mit der Lehre vom Menschen und seiner Entwicklung.

Carl Gustav Jung: Auch C. G. Jung, Schweizer Psychiater (1875-1961), Begründer der analytischen Psychologie.

Carlos Castaneda: 1925-1998, US-amerikanischer Ethnologe und Schriftsteller brasilianischer und peruanischer Abstammung.

Michael Harner: 1929-2018, US-amerikanischer Anthropologe und Neo-Schamane.

Die schamanische Weltsicht

Man geht davon aus, dass der Begriff Schamane sich von dem Wort ***„saman"*** aus der Sprache der sibirischen Tungusen ableitet. Damit ist gewöhnlich ein männlicher Praktizierender gemeint, die entsprechende weibliche Form wäre ***„shamanka"***.

Trotz der unterschiedlichen Details innerhalb der einzelnen Regionen und Kulturen gibt es bezüglich der Weltsicht eines Schamanen doch eine Art roter Faden. Grob unterschieden wird zwischen dem Sakralen und dem Profanen, das bedeutet, es gibt einerseits die Welt der Menschen - ihr gegenübergestellt ist die Welt der Geister und der Ahnen. Wie in animistischen Glaubenssystemen üblich, gilt die Erde als grundsätzlich beseelt, mit all ihren lebenden und toten Elementen. So haben auch Steine und Bäume eine Seele.

Im Tod wird nicht das Ende gesehen, es handelt sich vielmehr um einen Übergang in eine andere Welt. Die Seele an sich gilt als unsterblich, weshalb der Ahnenverehrung in schamanischen Kulturen eine besondere Rolle zukommt. Sowohl auf der profanen als auch auf der sakralen Ebene existieren Wesen ohne Körper, die zwischen den Ebenen hin- und herreisen und entsprechend Macht ausüben können.

Der gesamte Kosmos wurde einst durch eine oder mehrere höchste Wesenheiten geformt und von ihr, beziehungsweise ihnen, kontrolliert. Damit all diese Ebenen reibungslos funktionieren, besteht das ordnende Prinzip in der Harmonie der Dinge und Wesenheiten.

Wird gegen eine der kosmischen Regeln verstoßen, drohen Hunger, Krankheit, Unwetter oder Katastrophen. Die Verletzung der Regeln bedarf einer Heilung, damit die ursprüngliche Ordnung wiederhergestellt werden kann.

Der schamanische Kosmos kennt insgesamt drei Welten und ist vertikal strukturiert. Es gibt die obere, die mittlere und die untere Welt, wobei diese Begriffe im Gegensatz zur christlichen Vorstellung von Himmel, Hölle und irdischem Dasein völlig wertneutral verwendet werden.

Die mittlere Welt ist der Lebensraum von Menschen, Tieren und Pflanzen. Während die Oberwelt den Göttern und höheren Geisterwesen vorbehalten ist, gilt die Unterwelt als das Reich der Toten, Schatten und bösen Geister. Gesellschaftlich ist diese wie die Welt der Menschen strukturiert. Die Grenzen zwischen diesen einzelnen Lebensräumen sind nicht fix, sondern durchlässig.

Bei den Völkern Sibiriens glaubt man, dass die Menschen in alter Zeit fähig waren, zwischen diesen Welten zu reisen. Da die Reise zu den Geistern jedoch nicht nur anstrengend ist, sondern auch gewisse Verständigungsprobleme birgt, wurde es üblich, nur noch speziell geschulte Personen in Gestalt der Schamanen diesen Weg antreten zu lassen.

Andere Kulturen kennen bestimmte Daten, an denen die Grenzen zwischen den Welten durchlässig sind, sodass Kontakte zu den geistigen Wesen möglich sind.

Bei den Kelten war dieser Tag Samhain, die letzte Nacht des alten Jahres, die am 31. Oktober begangen wurde und heute unter dem Namen Halloween eine Neuinterpretation erfährt.

Tunguse: Zusammenfassende Bezeichnung für Völker, Ethnien und Bevölkerungsgruppen, bei deren Vorfahren Tungusische Sprachen in Gebrauch waren und sind. Die meisten Angehörigen Tungusischer Völker leben in China, weiter in Sibirien und in der Mongolei.

Animismus: Glaube an die Allbeseeltheit der Natur.

Weltenbaum: Der Weltenbaum - auch Lebensbaum gennant - gehört zur Mythologie vieler Völker und ist ein altes Symbol der kosmischen Ordnung. Er steht als Weltachse im Zentrum der Welt. Der Weltenbaum verbindet die drei Ebenen Himmel, Erde und Unterwelt.

Häufig tritt auch das Konzept des Weltenbaumes in der schamanischen Kosmologie auf. Stilisiert als Pfeil, findet er sich oft auf den charakteristischen Schamanentrommeln, die zur Geisterbeschwörung und für Reisen in parallele Welten genutzt werden. Da es sich bei vielen Völkern, die der schamanistischen Glaubensvorstellung anhängen, traditionell um nomadisierende Hirten handelt, spielen hier auch Tiere eine Rolle. So gibt es in Sibirien die Idee eines Rentiers, das mit seinem Geweih - anstelle des Baumes - den Himmel stützt.

Der Herr der Tiere

Im Himmel oder der Oberwelt leben Geistwesen, welche die Landschaften, die Elemente und Naturgewalten sowie Sonne, Mond und die Planeten kontrollieren. Hier ist auch der Herr der Tiere, der je nach Schöpfungsmythos auch eine Herrin sein kann, anzutreffen.

Dieses Geisterwesen besitzt einen göttlichen Charakter und gilt als Schützer und Bewahrer der Tierwelt. In manchen Regionen steht der Herr der Tiere auch dem Jäger zur Seite. Schamanische Konzepte begreifen den Menschen als einen Verwandten der Fauna, weshalb das Töten eines Tieres an und für sich ein unverzeihliches Vergehen darstellt. Ob ein Tier bei der Jagd getötet werden darf, ist eine Entscheidung, die dem Herrn der Tiere obliegt. Bevor ein Jäger loszieht, muss er daher zunächst die Gottheit durch festgelegte Rituale um Erlaubnis und anschließend die Seele des getöteten Tieres um Verzeihung bitten. Wird gegen diese Regeln verstoßen, droht eine Bestrafung durch den Herrn der Tiere. Abhängig von der Kultur, tritt der Herr der Tiere in ganz verschiedenen Gestalten auf - manchmal ist das Aussehen menschenähnlich, dann gleicht es eher einem Tier.

Auch Mischwesen kommen vor. Bei den Maya trägt der Herr der Tiere einen Jaguarumhang und führt einen Jaguar an der Leine mit sich herum. Der ***Murgin*** der Aborigines sieht ebenfalls wie ein Mensch aus, während er in Sibirien in Gestalt eines Bären daherkommt. Für den Kontakt mit dem Herrn der Tiere zeichnet in den meisten Kulturen der Schamane verantwortlich.

Murgin: Bei den Aborigines Bezeichnung für den Herrn der Tiere.

Der Werdegang eines Schamanen

Das Schamanentum ist zwar weltweit ähnlich, doch kann man nicht von einer einheitlichen Bewegung sprechen. Da es unmöglich ist, jeder regionalen Besonderheit gerecht zu werden, empfiehlt es sich, detaillierte Blicke auf die Schamanen Sibiriens und Zentralasiens zu lenken, da sich dort das Schamanentum bis heute authentisch bewahrt hat und viele wissenschaftliche Forschungen hierzu vorliegen.

Die wichtigste Technik des Schamanen ist die rituelle Ekstase, die auch als Seelenreise oder Seelenflug bezeichnet wird. Im Gegensatz zu Träumen kann diese Ekstase bewusst herbeigeführt werden, was durch Techniken wie Trommeln, berauschende Substanzen, aber auch durch Naturgeräusche passiert. Innerhalb dieser rituellen Ekstase ist es dem Schamanen möglich, in die Geisterwelt zu reisen.

Der Schamane kann nicht nur verschiedene Wesenheiten treffen, sondern auch die Götter selbst oder den Herrn der Tiere. Auf seiner Reise hilft und unterstützt ihn dabei ein Hilfsgeist, der in Gestalt eines Tieres daherkommt. Ein Schamane ist jedoch nicht mit dem Priester eines Kultes zu verwechseln. Er ist vielmehr als Vermittler zwischen den Welten zu betrachten und kann im Falle von Naturkatastrophen, Krankheiten und Schicksalsschlägen nach Ursachen forschen und in Kontakt mit den verantwortlichen Geistern treten. Ziel ist immer das Wohlergehen der Gemeinschaft sowie der Ausgleich und die Harmonie der Kräfte.

Der Werdegang eines Schamanen verläuft in mehreren Stufen über einen relativ langen Zeitraum. Die Auswahl erfolgt durch die Geister - Als sogenannte Initiations- oder Berufungskrankheiten gelten häufig Epilepsie oder Depressionen. Aus schamanischer Sicht sind solche Krankheiten nicht zu bekämpfen, sondern sie sind Wegweiser, denen man folgen sollte. Deshalb kommen Kinder, die an Epilepsie oder Depressionen leiden, besonders oft zu Schamanen in die Lehre.

Die Erwartungshaltung der Gemeinschaft, aber auch das Gefühl, etwas Besonderes zu sein, manifestiert sich oft in einem spontanen, spirituellen Erlebnis der auserwählten Person - hier kann es sich z. B. um eine Vision oder eine Trance handeln. Leidet der Jugendliche an einer chronischen oder akuten Krankheit und tritt durch das Erlebnis eine Genesung ein, wird dies als Zeichen der Götter gedeutet, die richtige Wahl getroffen zu haben. Während seiner Unterweisung sondert sich der angehende Schamane von der Gemeinschaft ab, ein Lehrer steht ihm dabei zur Seite.

Zunächst erfolgt eine Art Initiation. Von Geistern in die Unterwelt entführt, erfährt der angehende Schamane zunächst die Zerstückelung seiner Identität, der anschließend eine völlige Neukonzeptionierung seiner Identität folgt.

Diverse Hilfsgeister in Tierform stehen ihm hierbei zur Seite. Neben Trancetechniken und dem Wissen um das gefahrlose Reisen in der Geisterwelt, werden Schamanen auch in traditioneller Medizin unterwiesen, da ihnen meist auch die Rolle des Heilers zufällt. Selbst - oder vielmehr gerade - in Zeiten der Schulmedizin gibt es in Zentralasien noch Schamanenkliniken, in denen die traditionelle Heilkunde praktiziert wird - solche Kliniken werden auch entsprechend stark frequentiert.

Der Kandidat muss auch Rituale, Gebete, Gesänge und Tänze studieren. Im Schnitt dauert eine Schamanenausbildung mindestens drei Jahre, es gibt jedoch auch Völker, bei denen sich die Ausbildung bis zu 15 Jahren hinziehen kann. Am Ende der Ausbildung steht die Schamanenweihe, bei der die Fähigkeiten der Gemeinschaft bewiesen werden müssen. Dabei wird sich besonders bei den Hilfsgeistern für die Unterweisung bedankt und ihnen geopfert.

Initiation: Einweihung

Hilfsgeister, Schutzgeister, Totemtiere, Alter Ego

Kompendium der dienstbaren Tiergeister

Bei der Reise in die Welt der Geister trifft ein sibirischer oder zentralasiatischer Schamane in der Regel auf seine Verbündeten in Tiergestalt.

Oft werden diese Hilfsgeister im Traum erfahren oder aber bei Meditationen und Ritualen in der Abgeschiedenheit. Hilfsgeister haben fast immer eine Tiergestalt, deren Erscheinungsbild sich nach den lokalen Gegebenheiten richtet. Sie leben meistens als Berg-, Fluss- oder Baumgeister in der Natur und verfügen über ein entsprechend tierisches Aussehen. So gibt es Geister in der Gestalt eines Otters, einer Schlange, einer Eule, eines Raben oder eines Tigers. Ein Hilfsgeist verfügt über eine spezifische Kompetenz, die der Schamane seiner Aufgabe entsprechend nutzt. So gibt es Hilfsgeister, die benötigt werden, um eine bestimmte Krankheit zu heilen oder Geister, die bei der Reise in die Unterwelt Unterstützung geben.

Ein Hilfsgeist ist in der Lage, sein Erscheinungsbild jederzeit zu wechseln. In der Regel steht dem Schamanen eine ganze Gruppe an Hilfsgeistern zur Verfügung - diese sind nicht nur einfach Freunde und verlässliche Begleiter, sondern stellen eine Art Blutsverwandte dar. Bei manchen Völkern gehören die Hilfsgeister zur Familie des Schamanen und werden entsprechend in der Sippe weitervererbt. Die Hilfsgeister eines Schamanen müssen daher gebührend geehrt und entsprechend gut behandelt werden.

So finden für sie bis heute regelmäßige Speise- und Trankopfer, aber auch Bekleidungszeremonien statt.

Bei den sibirischen Tungusen haben die Hilfsgeister traditionell an der Westseite des Zeltes ihren Platz, dort stellt der Schamane Tierfiguren auf, sodass die Verbündeten bei Bedarf sofort dienstbar sind. Die Gefälligkeiten zwischen Schamane und seinen Hilfsgeistern beruhen also auf Gegenseitigkeit. Werden die Hilfsgeister vernachlässigt oder schlecht behandelt, verlassen sie den Schamanen und sorgen für seine Bestrafung, die bis hin zu schweren körperlichen und vor allem geistigen Krankheiten führen kann. Es sind auch Fälle überliefert, in denen erzürnte Hilfsgeister den Tod eines Schamanen verursacht haben.

Noch relevanter für die Arbeit eines Schamanen ist der Schutzgeist. Dabei handelt es sich um ein Geistwesen, das ebenfalls bevorzugt in Tiergestalt daherkommt. Bei den sibirischen Stämmen manifestiert sich der Schutzgeist als weibliches Tier und wird als die sogenannte Tiermutter betrachtet. Populäre Erscheinungsformen sind Adler, Bär, Hirsch oder Elch. Die Anrede des Schutzgeistes lautet dann entsprechend „Großmutter". Die Vorstellung gründet sich auf der Idee, dass der Schamane bereits vor seiner Geburt von seinem Adlerschutzgeist im Jenseits in einem Ei ausgebrütet wird.

Schutzgeister in Gestalt von Rehen oder Elchen sorgen während einer Periode des Tragens und Säugens, die bis zu drei Jahre dauern kann, dafür, dass der angehende Schamane das entsprechende geistige Rüstzeug für seine Aufgaben erhält. Durch diese Nähe zur Tiermutter als sein Schutzgeist wird der Schamane automatisch auch in die Nähe des Herrn oder der Herrin der Tiere gerückt und somit zu seinem bzw. ihrem Bruder.

Nach traditioneller Ansicht sieht ein Schamane seinen tierischen Schutzgeist nur dreimal, und zwar während seiner Geburt im Jenseits, während der Initiation und kurz vor seinem Tod. Als unsichtbare Energie ist der Schutzgeist jedoch immer mit dem Schamanen verbunden, steht mit Rat und Tat zur Seite oder beschützt ihn in gefährlichen Situationen. Eine Parallele zum christlichen Verständnis des Schutzengels ist hier nicht von der Hand zu weisen. Wenn Hilfsgeister in eine Aufgabe involviert sind, übernimmt der Schutzgeist deren Führung.

Auch der Schutzgeist verlangt eine regelmäßige Ehrung und Pflege. In Ostasien verfügen Schutzgeister oftmals über eigene kleine Schreine am Haus des Schamanen. Andere Kulturen stellen dem Schutzgeist kleine Figuren oder Behältnisse als Wohnstatt zur Verfügung.

Der Schamane und sein Schutzgeist können zu Doppelgängern werden. Besonders während Ritualen wird der Schamane dann zu seinem Schutzgeist und kann entsprechend kraftvoll arbeiten. Doch diese Symbiose kann auch Probleme mit sich bringen.

Wird das Tier verwundet, trifft es den Schamanen oft an derselben Körperstelle, beim Tod des Schutzgeistes stirbt auch der Schamane. Ähnlich wie bei den Hilfsgeistern, kann eine Vernachlässigung oder schlechte Behandlung des Schutzgeistes dessen Zorn auf den Schamanen herabrufen. Der tierische Schutzgeist hat die Möglichkeit, den Schamanen zu verlassen, was bedeutet, dass dieser seine spirituellen Gaben und Fähigkeiten komplett verliert oder körperlich verfällt.

Oftmals wird auch der Name Totemtier für die Schutz- oder Hilfsgeister eines Schamanen gebraucht. Dies ist nicht ganz korrekt, denn bei Totemtieren handelt es sich in der Regel um Symbole oder Abzeichen einer Gruppe, die auf eine spirituelle Beziehung zu dem entsprechenden Tier hinweisen. Es geht also um ein Sinnbild oder, wie es ein Ethnologe ausdrücken würde, um eine profane Metapher.

Das Totemtier ist eine charakteristische Erscheinung der indigenen Bevölkerung Nordamerikas.

In der Sprache der ***Ojibwe***, deren Siedlungsgebiet im Südosten Kanadas liegt, versteht man unter dem Begriff ***ototeman*** Geschwister in direkter Blutlinie.

Gegen Ende des 18. Jahrhunderts kam der Begriff mit der folgenden Geschichte nach Europa: Ein Jäger hatte aus Versehen einen Biber getötet, worauf ihn ein anderer Biber aufsuchte und von ihm Rechenschaft für diesen Mord forderte. Zwar erklärte der Jäger sein Missgeschick und der Biber nahm stellvertretend die Entschuldigung an, doch die Tat sollte nicht ohne Konsequenzen bleiben.

Da der Jäger das Totemtier erzürnt hatte, war ihm zeit seines Lebens das Jagdglück nicht mehr hold. Manche Ethnologen, vor allem aus der Zeit, in denen die Forschung noch in den Kinderschuhen steckte, gehen davon aus, dass Totemtier und Schutzgeist, den es auch in der Vorstellung der amerikanischen Ureinwohner gibt, in dieser Geschichte miteinander vermischt wurden. Denn die Sippen der einzelnen Stämme tragen alle Namen, um eine mystische Anbindung an Tiere zu verdeutlichen, wie aus dem **Zitat eines Stammesmitglieds der Carrier-Indianer** deutlich wird: ***„Wir wissen, was die Tiere tun, welches die Bedürfnisse des Bibers, des Bären, des Lachses und der anderen Lebewesen sind, weil sich die Männer ehemals mit ihnen verheiratet und dieses Wissen von ihren tierischen Gattinnen erworben haben. Die Weißen haben in diesem Land nur kurz gelebt; wir aber wohnen hier seit Tausenden von Jahren, und die Tiere selbst haben uns vor langer Zeit belehrt."***

Metapher: Sprachlicher Ausdruck, bei dem ein Wort (eine Wortgruppe) aus seinem eigentlichen Bedeutungszusammenhang in einen anderen übertragen wird.

Ojibwe: 1. Indianervolk in Nordamerika. 2. Die Sprache, die vom Indianervolk der Anishinabe (auch Ojibwe) in Nordamerika gesprochen wird.

Carrier: Carrier-Indianer oder Tahkali, Stamm in Nordwestamerika, im Quellgebiet des Fraserflusses.

Nagual: Aztekische Schutzgottheit.

Alter Ego: lateinisch: Anderes (zweites) Ich, andere Identität.

Jungpaläolithikum: Jüngerer Abschnitt der eurasischen Altsteinzeit von vor etwa 40000 Jahren bis zum Ende der letzten Kaltzeit um etwa 9700 v. Chr.

Dem Krafttier auf der Spur - Neoschamanismus

Neben all den Seelentieren, Hilfsgeistern und Totems ist jedoch der Begriff des Krafttieres bislang noch nicht gefallen. Das liegt darin begründet, dass es sich bei einem Krafttier um ein Phänomen handelt, das sehr viele Interpretationen und Deutungspielräume zulässt.

Mit dem klassischen Schamanismus hat es an sich wenig zu tun und trotzdem stellt es eine Art Kompendium dar, denn im Krafttier vereinigen sich die energetischen Konzepte der Völker. So ist das Krafttier dann auch ein Produkt des Neoschamanismus.

Viel hat sich diese erst ein paar Jahrzehnte alte Bewegung bislang gefallen lassen müssen. So wird sie als Plastik- oder Instantschamanismus betitelt oder als Demokratisierung des Schamanismus belächelt - schließlich kann nun jeder ein Schamane werden, die Praktiken sind nicht mehr länger irgendwelchen Auserwählten vorbehalten.

Die 1960er sind das Jahrzehnt, in dem die Hippie-Kultur aufkommt. ***Flower Power***, aber auch die beginnende Umweltzerstörung, lassen die Sehnsucht nach alternativen Lebenskonzepten wachsen. Naturvölker rücken verstärkt in den Blickpunkt des Interesses, vor allem die indigenen Kulturen Nordamerikas.

Ende der Leseprobe

Dr. Angela Fetzner

Krafttiere & Schamanismus

Die verlorene Seele wiederfinden

251

Die Rauhnächte - Ein spiritueller Begleiter durch die zwölf magischen Nächte

Die Rauhnächte, die Tage zwischen Weihnachten und dem Dreikönigstag, gelten von jeher als die geheimnisvollste Zeit des Jahres: mystisch, geheimnisvoll und sagenumwoben kommen die Tage daher. Die magische Zeit gilt auch als Schwellenzeit, in der die Grenze zur Anderswelt dünner wird: Die Schranken zwischen Diesseits und Jenseits, zwischen Licht und Dunkelheit, guten und bösen Kräften, Neuem und Altem, verschwimmen und fließen ineinander. Zahllose Sagen, Mythen und Bräuche ranken sich seit vielen Jahrhunderten rund um die Rauhnächte. In dieser dunkelsten Zeit des Jahres, in der die Nächte lang und kalt waren, und Schneetreiben und tosende Winterstürme über das Land fegten, machten Geschichten von Geistern, Dämonen und toten Seelen die Runde. Kaum ein Mensch wagte es, nach Einbruch der Dämmerung das Haus zu verlassen, um nicht den finsteren Gestalten, welche um die Höfe streiften, zu begegnen.

Der Mensch erlebt auch heutzutage die Besonderheit und die Magie dieser Zwischenzeit

Wie sich das Leben in der Natur zurückzieht, ziehen sich auch viele Menschen in dieser Zeit zurück - in die eigenen vier Wände und in sich selbst. Zahlreiche Menschen nutzen die Rauhnächte als Zeit zur Einkehr und Besinnung. Es ist darüber hinaus auch an der Zeit, auf das alte Jahr zurückzublicken Die Zeit zwischen den Jahren ist eine Zeit des Abschieds, des Wandels, des Aufbruchs und der Erneuerung. Altes und Belastendes wird losgelassen, um Raum für Neues zu schaffen. Die Regeneration und Erneuerung in der Natur sind eine Chance für den Menschen, sich dieser Erneuerung im Einklang mit dem Rhythmus des Lebens anzuschließen.

Ein magisches Buch für eine magische Zeit

Lassen auch Sie sich von der Magie der Rauhnächte verzaubern. Mögen Sie auf Ihrer Reise zu sich selbst viele lichtvolle Momente erleben.

Dr. Angela Fetzner

Die Rauhnächte

Ein spiritueller Begleiter durch die zwölf magischen Nächte

253

Geheimes Wissen über Wicca

Wicca ist eine moderne Form des Hexentums, das auf alten Überlieferungen, Praktiken und Weisheiten beruht. Als spirituelle Bewegung bringt Wicca altes, geheimes Wissen in die moderne Neuzeit.

Spiritualität und Naturverbundenheit

Wicca basiert auf einer Verbundenheit mit der Natur, Spiritualismus und der Wahrung des Gleichgewichts zwischen Leben und Natur. Deshalb geht es in der Wicca-Magie darum, im Einklang mit der Natur zu leben und zu agieren. Die spirituelle Entwicklung ist essenziell, weiter die Erlangung von Weisheit und Selbst(-erkenntnis) sowie die Annäherung an das Göttliche. Die Magie wird in Eigenverantwortung praktiziert, ein bewusstes Leben im Denken und Handeln ist die Voraussetzung für den Weg zu höherer Erkenntnis.

Einführung in die moderne Hexenkunst

Dieses umfassende und detaillierte Buch bietet Ihnen alles, was Sie über Theorie und Praxis der immer beliebteren Wicca-Hexenkunst wissen müssen. Darüber hinaus gibt Ihnen dieses Buch einen Leitfaden und geheime Anleitungen an die Hand, wie Sie bspw. mittels Ritualen, magischem Kreis, Runen, Handlesen und Kräutern die Kraft von Wicca nutzen können.

Dr. Angela Fetzner

Wicca

Das Geheimnis der neuen Hexenkunst

255

Krafttiere als Spiegelbilder der menschlichen Seele

Krafttiere helfen Ihnen, Verborgenes bewusst zu machen, Blockaden zu erkennen und überflüssigen Ballast hinter sich zu lassen. Im Spiegel des Tieres erkennen Sie sich und Ihre Seele.

Krafttiere – Spirituelle Begleiter und Führer

Krafttiere sind spirituelle Wegbegleiter und Seelengefährten. Die Verbindung mit seinem Krafttier gibt dem Menschen Lebenskraft, Energie, Sinn und Tiefe. Krafttiere schützen den Menschen, halten ihn gesund und können ihn sogar heilen.

Einführung in die Spiegelmagie und Spiegelgesetze

In alten Kulturen galten Spiegel als Tor in andere Dimensionen und als solche werden sie heute noch in der Magie genutzt. Sie öffnen ein Fenster in andere Daseinsebenen. Spiegel können Bilder der Gegenwart, der Vergangenheit und der Zukunft zeigen.

Blick in die Seele

Möchten Sie den Spiegel gezielt einsetzen, um mit Ihrem Krafttier in Kontakt zu treten, fokussieren Sie den Wunsch mit dem Blick in den Spiegel, damit sich Ihr Krafttier zeigen möge.

Die verlorene Seele wiederfinden

Ein sehr wichtiger Bestandteil schamanischer Reisen ist das Finden und Zurückbringen von Seelenanteilen. Im Schamanismus geht man davon aus, dass Menschen im Laufe ihres Lebens durch verschiedene Traumata und Schicksalsschläge Anteile ihrer Seele verlieren, bzw. diese abspalten, damit der Rest unserer Seele überleben kann. Diese verlorenen Seelenanteile hinterlassen beim Menschen eine Lücke und eine Art innerer Leere. Durch schamanische Reisen in die feinstoffliche Existenzebene – in der die Seele beheimatet ist – können verlustige Seelenanteile aufgespürt und befreit werden, sodass diese zu Ihnen zurückkehren und sich Ihr Wesen wieder vervollständigen kann.

Heilen Sie, was Sie im Hier und Jetzt beeinträchtigt, stellen Sie die Weichen Ihrer eigenen Zukunft neu.

Das Buch ist komplett in Farbe gedruckt und hat einen Umfang von 368 Taschenbuchseiten und enthält zahlreiche Abbildungen und Fotos.

Ich lade Sie ein, mich auf die spannende und inspirierende Reise in die Welt der Krafttiere und des Schamanismus zu begleiten.

Dr. Angela Fetzner

Krafttiere als Spiegel der menschlichen Seele

Wegbegleiter am Wendepunkt des Lebens

257

Die heilende Kraft ätherischer Öle ist wohl eine der angenehmsten Möglichkeiten, viel für die seelische und körperliche Gesundheit zu tun.

Denn die wohltuenden Düfte ätherischer Öle können unsere Stimmung beeinflussen und sich positiv auf Seele und Körper auswirken. Diese Tatsache macht sich die Aromatherapie zunutze, bei der ätherische Öle gezielt eingesetzt werden, um bestimmte Wirkungen zu erzielen.

Die heilende Energie und gebündelte Lebenskraft der natürlichen Stoffe sorgt für Harmonie, Ausgeglichenheit und dauerhafte Gesundheit.

Ich möchte Sie, liebe Leserin und lieber Leser, dazu einladen, mich auf die Reise in die spannende Welt der ätherischen Öle zu begleiten.

Die Autorin berät und informiert als promovierte Apothekerin seit zwei Jahrzehnten zahlreiche Kunden. Als unabhängige Autorin und Apothekerin fühlt sich die Verfasserin dieses Buchs nur der Gesundheit und dem Wohl der Menschen verpflichtet.